高校教学促进丛书

高校教师应该知道的 120个教学问题

第二版

邢 磊 编

图书在版编目(CIP)数据

高校教师应该知道的 120 个教学问题/邢磊编. —2 版. —北京：北京大学出版社，2020.12

(高校教学促进丛书)

ISBN 978-7-301-31896-6

Ⅰ. ①高⋯ Ⅱ. ①邢⋯ Ⅲ. ①高等学校—教学法—研究 Ⅳ. ①G642.4

中国版本图书馆 CIP 数据核字(2020)第 248036 号

书　　　　名	高校教师应该知道的 120 个教学问题(第二版) GAOXIAO JIAOSHI YINGGAI ZHIDAO DE 120GE JIAOXUE WENTI(DI-ER BAN)
著作责任者	邢　磊　编
责 任 编 辑	刘　军
标 准 书 号	ISBN 978-7-301-31896-6
出 版 发 行	北京大学出版社
地　　　　址	北京市海淀区成府路 205 号　100871
网　　　　址	http://www.pup.cn　新浪微博：@北京大学出版社
电 子 信 箱	zyl@pup.cn
电　　　　话	邮购部 010-62752015　发行部 010-62750672 编辑部 010-62767346
印 　刷　 者	北京虎彩文化传播有限公司
经 　销　 者	新华书店
	730 毫米×980 毫米　16 开本　14.75 印张　181 千字 2009 年 12 月第 1 版 2020 年 12 月第 2 版　2021 年 6 月第 2 次印刷
定　　　　价	55.00 元

未经许可，不得以任何方式复制或抄袭本书之部分或全部内容。
版权所有，侵权必究
举报电话：010-62752024　电子信箱：fd@pup.pku.edu.cn
图书如有印装质量问题，请与出版部联系，电话：010-62756370

"高校教学促进丛书"总序

  高校承担了三项职责：人才培养、科学研究和社会服务。在这三项职责中，人才培养是根本，而育人的关键在师资。长久以来，高校被认为是传承和发展高深学问的地方，高校研究的学问涉及各个领域，而如何传承学问的研究却很少影响高校。虽然高校教师往往都接受过规范的科学研究方法教育，但是很少有教师接受过系统的高校教学方法培训。对教学方法的漠视或是缺乏可用的有效教学方法，使得高校教学始终是个人艺术，教学质量的保障缺乏稳固的根基。

  近年来，国内高校在教学改革、教学质量保障体系建设方面做了很多工作，采取了很多措施，如建立教学评估体系、提高教学工作的地位、推进教学改革和课程体系改革、鼓励开展教学方法的研究、开展教师培训等。其中，提高高校教师的教学技能是最直接和有效的措施之一。

  教学是对学生成长的一种干预，恰当的干预能够为学生全方位的发展起到很好的补足、纠偏效果。现在，很多高校教学还是以传授书本知识为目的，但高校里仅仅进行知识的传授是不够的，知识的传授永远是有限的，而且知识会随着时代的发展、学科的发展逐渐变得陈旧，甚至被淘汰。书本知识背后（不是所有的书本知识）潜藏了做学问的方法、治学为人的态度，我们的教学要让学生意识到这些，让学生学习到其中的精髓。除了教授学生专业知识，高校教学还需要培养学生规范的做学问的方法，包括批判性思维和创新意识。这是学生把所学应用于生活和工作的基础，是他们找到自己的优势领域并发挥能力的源泉；在人生态度方面，我们也要给学生以熏陶，帮助学生养成宽大的胸怀，能知己识人，对世界保持谦虚、好奇、探索的态度，与他人和谐交往，并能在未来的生活中保持积极的心态。

　　北京大学是一所优秀的大学，致力于建设成为世界一流的大学，需要一流的教学方式方法。现在我们重视培养学生的创新精神、实践能力和终身学习能力，这些需要体现在课程体系、教学体系、管理体系中，体现在高校教师的日常教学中。好大学的标准之一在于有一支高水平的教师队伍。高校现在已经有很多教师在教学方面表现优秀，他们大多非常善于"讲故事"，能够把要讲授的内容讲得有声有色，深受学生欢迎。这很好，但还不够，我们更需要掌握全面教学技巧的教师，能够把握时代精神，在教学内容、教学方法的选择上，在具体的教学过程中，做到春风化雨，润物无声。这是一个长期锻炼的过程，需要教师不断自我学习、自我提高。

　　在理念上，国内的高校都已经意识到需要改革呆板的授课方式，然而，由于缺乏有效的方法和工具，落实先进的教育理念、创造富有生机的课堂仍然是许多校长和教师的美好愿望。"高校教学促进丛书"正是试图填补理念和现实之间鸿沟的一套著作。这套丛书的编写基于北京大学现代教育技术中心的工作和研究成果,不仅涉及高校教师须知的教学基本常识、如何进行教学准备、教学过程的一般技巧、不同形式课堂的教学方法和教学评价,而且涉及有效结合面授和网上讨论的混合型教学策略、开展远程合作教学等新型教学方式,对于高校学习空间设计思路、国内外优秀学习空间设计案例、高校优质教学资源建设及共享机制、国外优秀开放教学资源项目等进行了系统全面的介绍,提供了详细的、具有很强操作性的实施策略。

  希望这套丛书能够引发更多对促进高校教学工作方面的思考,为完善中国高校教学质量体系做出贡献。

2009 年 12 月

第二版前言

课堂教学是高校传统教学的基本形式。国内很多高校教师没有接受过系统的教学法的培训，课堂教学基本靠个人经验，教学方面存在改善与提高的空间。教师只有把握高校课堂教学规律，掌握成功的课堂教学方法，认识到信息时代教与学的发展，才能更好地促进学生主动地投入学习。这是已经证实的提高高校教学质量的可行之路。

本书定位于教法知识普及，着重介绍高校教法的重要概念以及值得借鉴的做法。在内容的设计上以应对策略为核心，通过介绍重要概念、典型案例、策略技巧、样例工具以及核查自测表等，从理念到方法、策略，再到绩效工具，为教师提供全面的参考。

本书根据教学的基本流程安排章节，将实际的教学任务以问题的形式展开，每个章节和每个问题都有相对的独立性。读者可以从头开始阅读，也可以挑选自己想了解的章节和问题进行阅读。

我们相信，教师的教学能力是可以培养的。教学虽然是艺术，但一些基本的教学技能是可以传授和学习的。本书提供的理论和方法，可以帮助高校教师建立最初的教学自信，而真正如鱼得水的教学还有赖于日积月累、用心揣摩，需要与个人风格、学科特点等有机融合。

  本书第一版出版于 2009 年。十余年来，高校教学出现了许多新的变化，高校教师面临着许多新的挑战。特别是 2020 年新冠疫情出现以来，在线教学的迅速推广，对高校教师的教学提出了新的要求、新的问题。因此，作者在第二版中对本书内容进行了修订，主要包括：新增第 33、34、35、50 问等有关在线教学的相关问题，删去了第一版中原第 28、29、31 问等问题，并对正文中的一些文字细节进行了修改完善。

邢 磊

2020 年 11 月

目 录

第1章　高校教师须知 ………………………………………（1）
 第1节　高校教学的成功要素 …………………………………（3）
  第1问：高校教学的成功要素有哪些？ ………………………（3）
  第2问：优秀的高校教师是天生的还是造就的？ ……………（6）
 第2节　了解你的学生 …………………………………………（7）
  第3问：学生的学习过程和方法是怎样的？ …………………（7）
  第4问：教学如何适应学生不同的学习风格？ ……………（10）
  第5问：学生喜欢和不喜欢的教学是什么样的？ …………（12）
 第3节　教师的角色 …………………………………………（15）
  第6问：如何平衡研究和教学的关系？ ……………………（16）
  第7问：如何处理与助教之间的关系？ ……………………（17）
  第8问：积极与同事交流对教师有哪些益处？ ……………（18）
 第4节　教学伦理标准 ………………………………………（19）
  第9问：可以参考哪些有关职业道德规范来指引教学？ ……（19）
 本章小结 ………………………………………………………（23）

第2章　教学准备活动 ………………………………………（25）
 第1节　准备教学计划 ………………………………………（27）
  第10问：如何创建教学大纲？ ………………………………（27）
  第11问：为什么要写课程计划？ ……………………………（31）

第12问：如何确定教学目标？ ……………………………… (32)
第13问：如何根据教学目标确定教学活动和教学方法？ … (35)
第14问：如何根据教学目标确定学业评价方法？ ………… (37)
第15问：如何根据课程计划组织课程？ …………………… (39)
第16问：课程计划需要考虑哪些因素？ …………………… (39)
第17问：如何通过课程评价提高课程计划落实的质量？ … (40)

第2节 选择教学内容 …………………………………… (41)
第18问：课程内容的选择要尽量符合哪些标准？ ………… (41)
第19问：如何选择教材？ …………………………………… (43)
第20问：如何选择补充教学材料？ ………………………… (46)

第3节 挑选指导助教 …………………………………… (47)
第21问：好的助教需要满足什么条件？ …………………… (47)
第22问：如何帮助助教有效行使职责？ …………………… (48)
第23问：助教可以在阅读和讨论课中履行哪些职责？ …… (49)
第24问：助教可以在实验课中履行哪些职责？ …………… (50)
第25问：助教可以在讲授课中履行哪些职责？ …………… (51)
第26问：助教可以在评分工作中履行哪些职责？ ………… (52)
第27问：助教可以在答疑及辅导中履行哪些职责？ ……… (52)

第4节 善用教学媒体 …………………………………… (53)
第28问：使用板书要注意什么？ …………………………… (53)
第29问：教学视频有何作用？ ……………………………… (54)
第30问：如何有计划地制作教学视频？ …………………… (56)
第31问：如何制作分发材料提高使用效果？ ……………… (59)
第32问：如何提高指定阅读的效果？ ……………………… (59)
第33问：可以参考什么标准准备教学课件？ ……………… (60)
第34问：在线教学环境下如何增加教学课件的表现力？ … (63)

第35问：在线教学环境下如何借助教学课件把握教学
　　　　　　步调？ ··· (66)
　本章小结 ··· (69)

第3章　教学基本技巧 ··· (71)
第1节　教学导入阶段 ··· (73)
　　第36问：怎样开始第一次课的教学？ ······································· (73)
　　第37问：如何利用课堂导入？ ··· (74)
　　第38问：如何消除开始时的紧张情绪？ ···································· (75)
第2节　学生激励策略 ··· (77)
　　第39问：如何提出丰富而恰当的问题？ ···································· (78)
　　第40问：如何使提出的问题较好地得到回应？ ···························· (81)
　　第41问：如何反馈学生的回答以深化他们的学习体验？ ················ (83)
　　第42问：为什么学生不积极地提问？ ······································· (86)
　　第43问：如何鼓励学生积极地提问？ ······································· (88)
　　第44问：学生提问偏离预期时应该如何应对？ ··························· (88)
　　第45问：如何使学生在讨论中相互交流？ ·································· (89)
　　第46问：如何应对不参与交流的学生？ ···································· (90)
　　第47问：如何应对话痨？ ·· (92)
第3节　调整教学步调 ··· (93)
　　第48问：如何确定教学步调是否合适？ ···································· (93)
　　第49问：哪些因素会影响教学步调需做出调整？ ························· (93)
　　第50问：在线教学环境下如何安排互动？ ·································· (96)
第4节　课堂的回顾与总结 ··· (103)
　　第51问：课堂结束时如何进行总结提高？ ································· (103)
第5节　帮助问题学生 ··· (104)

第 52 问：如何识别问题学生？ …………………………………… (104)

第 53 问：如何帮助问题学生？ …………………………………… (105)

本章小结 ………………………………………………………………… (106)

第 4 章　课堂教学技巧 ……………………………………………… (107)

第 1 节　讲授课教学法 ………………………………………… (109)

第 54 问：讲授课有什么优势与劣势？ ………………………… (109)

第 55 问：好的讲授课有哪些特征？ …………………………… (111)

第 56 问：可以通过哪些步骤来准备讲授课？ ………………… (112)

第 57 问：讲授课的导入方法有哪些？ ………………………… (115)

第 58 问：一堂讲授课需要用到哪些教学技巧？ ……………… (116)

第 59 问：如何让自己的注意力不仅仅停留在"讲"上？ …… (118)

第 60 问：讲课中如何把握教学内容呈现的效率？ …………… (118)

第 61 问：如何保持讲授的连贯性和清晰性？ ………………… (119)

第 62 问：可以从哪些方面考虑将课程内容与现实
问题相联系？ …………………………………………… (120)

第 63 问：讲授过程中如何提升学生的学习兴趣与动机？ …… (121)

第 64 问：可以利用哪些教学活动来丰富讲授课？ …………… (123)

第 2 节　实验课教学法 ………………………………………… (127)

第 65 问：实验课教学在达到哪些独特的教学目标上
有优势？ ………………………………………………… (127)

第 66 问：实验课的教学准备要考虑哪些重要问题？ ………… (128)

第 67 问：不同类型的实验课教学需要注意哪些侧重点？ …… (129)

第 3 节　讨论课教学法 ………………………………………… (131)

第 68 问：讨论教学法有什么优势？ …………………………… (131)

第 69 问：讨论教学法可能有哪些潜在问题？ ………………… (132)

第70问：设定讨论课时需要考虑哪些重要问题？ …… (133)

第71问：讨论导入的方法有哪些？ …………………… (134)

第72问：如何安排问题的难度来引导学生讨论？ …… (135)

第73问：如何使用提问技巧激发学生思考？ ………… (136)

第74问：如何通过提问促进讨论的参与度？ ………… (137)

第75问：哪些做法有助于建立良好的讨论氛围？ …… (139)

第4节　小组教学法 …………………………………… (141)

第76问：为什么要使用小组教学方法？ ……………… (142)

第77问：小组教学需要满足哪些基本特征？ ………… (142)

第78问：小组管理需要做好哪两方面的主要工作？ … (143)

第79问：小组讨论有哪些常见的组织方式？ ………… (145)

第80问：如何引入材料促进小组讨论？ ……………… (150)

第81问：哪些特征说明小组运行成功？ ……………… (150)

第82问：小组运作发生障碍时有哪些典型特征？ …… (151)

第83问：如何解决学生在小组教学中的常见问题？ … (151)

本章小结 ………………………………………………… (153)

第5章　教学评价 ………………………………… (155)

第1节　学业评价方法 ………………………………… (157)

第84问：如何提高评价的信度？ ……………………… (157)

第85问：如何提高评价的效度？ ……………………… (158)

第86问：为什么要进行诊断性评价？ ………………… (158)

第87问：为什么要进行形成性评价？ ………………… (159)

第88问：为什么要进行总结性评价？ ………………… (160)

第89问：评价活动会对学习产生什么影响？ ………… (161)

第90问：评价是否可行需要考虑哪些问题？ ………… (161)

第 2 节　实施学业评价 …………………………………… (162)

第 91 问：学业评价的内容一般有哪些？………………………… (162)
第 92 问：为什么要进行学业评价？……………………………… (162)
第 93 问：如何通过评价计划达到公平的评分？………………… (163)
第 94 问：学业评价设计需要考虑哪些问题？…………………… (164)
第 95 问：小组作业的评分需要注意什么？……………………… (166)
第 96 问：如何对学生的讨论进行评分？………………………… (166)
第 97 问：项目和演示评分需要注意什么？……………………… (167)
第 98 问：论文评分需要注意什么？……………………………… (167)
第 99 问：如何对学生的课堂表现进行评价？…………………… (168)
第 100 问：如何使用观察法对学生进行评价？………………… (172)
第 101 问：如何用口试进行评价？……………………………… (174)
第 102 问：如何利用学生自评？………………………………… (175)
第 103 问：如何利用考试促进教学目标的达成？……………… (177)
第 104 问：如何设计一份好的考卷？…………………………… (182)
第 105 问：客观测验的整体优势是什么？选择题型需要
　　　　　注意什么？………………………………………… (186)
第 106 问：如何设计选择题？…………………………………… (187)
第 107 问：如何设计论述题？…………………………………… (192)
第 108 问：如何使用简答题？…………………………………… (197)
第 109 问：使用判断题需要注意哪些要点？…………………… (198)
第 110 问：如何使用情境问答题？……………………………… (199)
第 111 问：如何整合一份考卷？………………………………… (200)
第 112 问：如何汇总评价结果、得出最终评价？……………… (200)
第 113 问：为什么要保存学生成绩记录？……………………… (201)
第 114 问：如何给出评价反馈？………………………………… (201)

第115问：如何为学生写推荐信? ………………………… (206)
第3节　教师评价 ………………………………………… (208)
　　第116问：为什么要进行教师评价? ……………………… (208)
　　第117问：教师评价一般包括哪些内容? ………………… (210)
　　第118问：教师自评应该考虑哪些方面? ………………… (213)
　　第119问：教学档案袋一般有哪些内容? ………………… (214)
　　第120问：如何使用课堂观察对教师的教学进行评价? … (214)
本章小结 …………………………………………………… (216)

第 1 章

高校教师须知

第1节　高校教学的成功要素

在不同的人眼中，优秀的教学可能有不同的表现。比如有一类老师，他们在教室里来回走动，表演个人脱口秀，把自己当成明星一样来表现，以吸引所有人的注意力，让热烈的气氛始终充满课堂。学生为这类才华横溢的老师而着迷，认为这是所遇到的最优秀的教师。也有一类老师以严厉著称，经常责备学生，逼迫他们学习枯燥乏味的内容。然而有些学生却认为这样的老师是自己所遇到的最优秀的教师。

那么，是否存在优秀教学的评判标准？公认的"优秀的教学"是否存在基本的原则或者具体的规范？是否存在一个可供每个人模仿的教学模式？

进一步来讲，教学才能是天生的，还是通过适当的培训，一般人也可以成为优秀的教学人员？优秀教学的要素能以某种实用的方式传授给其他人吗？

迄今为止，国内对高校优秀教学的研究还比较少，以下内容主要基于国外相关研究的成果，并参考了国内的相关研究。

第1问：高校教学的成功要素有哪些？

在高校里，优秀的教学主要取决于教师。许多研究者从不同的角度总结了优秀教学所具有的特征。他们的结论有重叠的部分，也有各自不同的部分，但大致可以从以下几个角度展开。

1. 师生关系角度

师生关系非常重要，学生对教师的兴趣会迁移到教师所教授的内容，良好的师生关系有利于提升教学效果。对学生来说，教师不仅是传授学问的学者，而且是有义务为他们提供学习帮助的长者，是对他们的学习进行评价的权威人士，是他们大学生活中需要交往的社会人。教师的多重角色使得学生对他们会产生多种期待，而具有以下行为特征的教师更容易得到学生的认可。

（1）关心、尊重学生。爱学生，尊重学生之间的差异，坚信学生的学习能力，与学生平等相待。

（2）有效地与学生交流和沟通。能进行师生间的平等对话与交流，从对话与交流中了解学生对教学的要求，虚心倾听学生对教学的建议，有针对性地改进教学。

（3）善于激励学生学习。能清楚地传达并周期性地重申对学生的学术期望，清晰地陈述教学目标，并与学生分享教学目标；培养学生的自信，给学生开放地讨论、总结、解释已学知识的机会，鼓励学生提问，给学生提供一些参与解决问题的活动的机会；启发学生进行自主探索，强调探索的过程而不是最终的结果，允许学生在探索过程中犯错误。

（4）公平。公正地对待每一位学生，不偏袒个别学生，尤其在对学生的学习成绩进行评价时，方法公平。

2. 课程教学角度

什么样的课程教学可以称之为是好的，不同时代的认识可能有不同的偏重。过去，只要教师能做好讲授几乎就可以称得上是一位优秀的教师，而在信息化社会的今天，人们对教师的课程教学提出了更高的要求。

(1) 选择合适的教学内容。全面掌握所教领域的信息，同时了解学生的知识基础和背景，了解学生的学习需求，注重选择对学生有价值的教学内容。

(2) 认真组织教学内容。制订课程计划、安排教学时间，按照计划对教学进行充分准备，明确课程总目标和每一堂课的目标，并将焦点集中在教学目标上，有条不紊地进行教学。

(3) 带领学生认识专业领域。让学生对所教领域的过去、现在、未来的状况，以及所教领域的观点和概念起源产生整体认识，同时对这个领域提出自己独特的感悟、有趣的观点，并且能对其他人的观点进行讨论。

(4) 具有鲜明的方法论意识，会运用多种教学策略。富有观察力，能够认真倾听学生的声音，根据课堂情况调整自己的教学行为；能够清晰地陈述和讲解，使困难的主题易于理解；应用各种教学策略、教学技巧激励学生的学习兴趣，培养学生的各种能力；对学生的表现定期或经常做出反馈，对学生给出富有针对性的建议。

现在的教学不再是纯粹的教师讲解，通过教学培养学生各种能力需要不同教学方法与教学策略的支撑，优秀的教师不仅是一个成功的演讲者，还需要对教学方法的运用及其效果有清醒的认知，以满足这个时代对学生终身学习能力、探究精神和研究能力提出的要求。同时教师还会在教学中融入自己对人文精神和时代精神的认识，这些可能会给学生带来比教学内容本身更深刻的影响。

3. 个人特质角度

教师因个人魅力所产生的光环有时候足以掩盖教师在其他方面的缺憾，学生们会认可教师："某某老师就是这样一个人，已经足够好了！你能期望一个人没有任何缺点吗?"形成教师个人的教学风格，某种程度上是在教学中融入教师的个性，相信所有的教师都乐于在教学中释放自己的天性。

（1）热爱自己的学科。具有全面的、不断更新的学科知识，始终对自己的研究领域充满热情，并且传达出对所教领域的热爱。

（2）对教学充满热情。对教学真诚投入，在教学过程中显得精力充沛、充满活力；对教学充满自信，享受教学过程，享受与学生共处的时光。

（3）有独特的个人教学风格。平易近人，有幽默感，思想开放，为人和善，对待学生包容；也可能严厉、严谨，甚至古板，还可能对学生缺乏耐心，但是学生还是会发现，他们从教师那里收获良多。

第2问：优秀的高校教师是天生的还是造就的?

优秀教学的特征并不神秘，也不是极端理论性的东西。这些特征能够而且已经被研究人员、学生、专业人士认识到。虽然如此，人们却往往认为好的教师是天生的，不是造就的。从上面的内容我们也可以看出，"天生的"更多的是指教师的个人特质，诸如幽默、关心他人的某些特征。"好的教师是天生的，不是造就的"这一观念流传的广泛性和高校教学现状密切相关。在高校中，很少有教师认真关注教学法，教学更多的是教师在原生态下专业能力、个人演讲和交流技能的体现，这使得"教学"很大程度上似乎成为"天生"特长的展示，而不是教学习得技能后的行为。

但是，经过上面的分析，我们已经了解，好的教学需要教师具备多方面的素质，其中一些素质对于某些人来说是与生俱来的，而对于其他人却并非如此。但同时，很多素质是可以通过培训、学习、反思获得的。

人们生来并没有特定学科的知识，也没有运用教学策略的能力。研究发现，那些表现出优秀素质的人大多都有共同性：他们在获得这些素质的过程中非常勤奋，并且十分关注自己的行为及其效果，他们被一些研究教师专业化的人称为"反思型实践者"。优秀教师的发展很大程度上在于他们从经验中学到些什么。他们在教学循环中尝试某种技巧，观察其使用的效果，并决定如何及何时使用相似的技巧。他们对教学过程进行深刻的反思，而反思的水平和反思的质量为其积累了应对各种教学情境的适当策略。最优秀的教师不仅知道他们在做些什么，也知道他们为什么那样做，为什么在一种情境下这样做而不在其他情境下这样做。虽然有一些天生的个人特质促成了他们的成功，但致力于教学、不断发展自己仍然是他们取得教学成功最大的原因。

第2节 了解你的学生

第3问：学生的学习过程和方法是怎样的？

如图1-1所示，学生如何学习取决于学生的学习风格，此外还受到院系风格以及教学风格的影响。学生的学习风格喻示了学生一系列的学习特征，了解学生的学习特征有助于教师理解学生的学习行为，反思自己的教学策略，促进学生的深入学习。

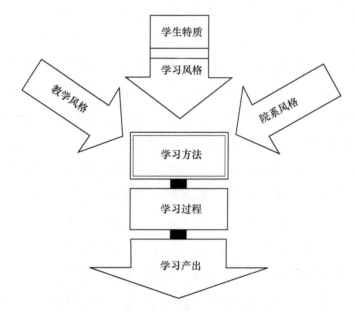

图 1-1　学生的学习过程及其影响因素

表 1-1 展示了三种比较具有概括性的学习方式：表层学习、深层学习以及策略性学习。潜藏于不同学习方式下的是学生不同的学习动机。在不同的学习方式中，学生采用不同的学习策略，达到不同的学习成果。

表 1-1　不同学习方式的学习动机、过程与成果

学习方式	动机	学习过程	学习成果
表层学习	外部动机：达到最低要求，在学业失败和尽可能少学习之间寻求平衡	记忆事实性内容；机械性学习；用尽可能少的时间和精力去重复学习可能要考的内容和要点	字、句的重现；回忆事实性片段

续表

学习方式	动机	学习过程	学习成果
深层学习	内部动机；对所学内容的兴趣	学习者在深度上和广度上挖掘所学内容的意义，学习过程可以概括成以下几种： (1) 逻辑推理，对一般性的原理在有证据的基础上谨慎接受。 (2) 依靠之前所学的知识或广泛意义上的概念建立联系来获取新知识。常使用类比方法，并且对材料进行个性化的理解。 (3) 学习的产出是深入的理解，这一理解建立在广泛的原理和规则基础上。 (4) 在需要的时候，学习者也不排除机械学习，但是学生使用这一学习方式的目的完全不同于进行表层学习的学生	理解材料的主题及思想；结构化的论点
策略性学习	成就动机：获得高分；通过竞争提高自信心	包括以上的表层学习和深层学习；严格遵循所有的学习安排，表现为标准的"模范学生"	根据课程的要求采用不同的理解层次

显然，表层学习对获得学术成就会产生消极的影响，而深层学习和策略性学习能够对取得学术成就产生积极的作用。在这三种学习方式中，我们提倡教师鼓励学生进行深层学习，因为这种学习方式不但有好的学习结果，而且在学习过程中学生能体验到精神愉悦，同时它也是最有可能产生创造性学习结果的学习方式。

对于学生个体来说，学生怎样学习既取决于学生的个人情况，同时也和教学内容、教学风格有密切的关系。将对学生有价值的、符合学生兴趣的学习内容，联系学生知识结构、密切结合学生实际生活进行教学，更能引发学生的深层学习。

第 4 问：教学如何适应学生不同的学习风格？

心理学家对不同人的学习特征进行了研究和分析分类，并总结出不同的学习风格，下面对比较有代表性的学习风格进行汇总介绍（汇总并非基于统一的分类标准，因此，不同分类维度上的学习风格可能有重合）。值得注意的是，每个人并非只具有一种风格，每种学习风格下不同的学习特点在每个学生身上都有不同程度的表现，区别在于强度的不同。

通过表 1-2，我们可以大概了解不同的学生为什么在课堂上会有如此不同的表现。值得了解的还有：学生的学习风格或偏好在不同的学习任务和情境下也会有不同的强度，这就为教师采取措施，如设置某种特别的教学环境或采用特别的教学策略促进学生某些方面的发展提供了基础。

表 1-2 不同学习风格下的学习特点及一般教学策略建议

分类方式	学习风格或偏好	学习者的学习特点简述	一般教学策略建议
对内部、外部信息的处理过程	独立型	不易受外在因素的影响	引导学习者深入学习、探索，挖掘自身潜能
	依存型	易受周围环境特别是权威人物的影响	提供外部诱因，促进学习者学习

续表

分类方式	学习风格或偏好	学习者的学习特点简述	一般教学策略建议
知觉与思维方式	冲动型	很快形成自己的看法,对问题很快做出反应,易出现错误	鼓励学生深入思考
	沉思型	思维以反省为特征,对问题倾向于深思熟虑,错误较少,但速度较慢	提醒学生在某些问题上注意效率
同化信息的方式	聚合思维型	善于应用理论进行逻辑推演来解决问题	为学生提供成功机会
	发散思维型	善于从各种不同的角度思考问题,思维发散,对问题能提出创见	为学生提供成功机会
	同化型	善于对信息做出抽象的、主动的加工来进行理解	帮助学生对知识进行组织、加工
	顺应型	善于通过直接经验来理解信息	提供与所学内容相联系的实际经验
整体与系列学习策略	整体性策略	倾向于对问题涉及的子问题的层次结构以及自己将采取的方式进行综合考虑	提供信息,帮助学生打开视野
	系列性策略	把重点放在解决一系列子问题上,在学习过程快结束时才对所学内容形成比较完整的看法	为学生提供思考框架
社会性	独立学习	喜欢独立学习	提供独立学习机会
	结伴学习	喜欢与他人结伴或合作学习	提供合作学习机会
生理偏好	视觉	对视觉刺激敏感	给学生提供视觉材料
	听觉	对语言、声响、音乐的接受力和理解力强	给学生提供听觉材料,精心准备讲授和师生交流环节
	动觉	动手做一些活动或实验	给学生提供动手的机会

以上列出的学习风格并无绝对的优劣之分，不同的学习风格都有各自的优势学习领域。就某个专业来说，学生的学习风格可能在比较多的维度上已经具有一致性。

不管学生是哪种学习风格，一方面，教师要提供适合大多数学生学习风格的教学，同时照顾到学生不同的学习风格（如利用多媒体课件整合视听材料，调动对不同刺激敏感的学生的注意力，在学习的过程中设计独立学习与合作学习的环节，使不同偏好的学生都能得到独立学习与合作学习的锻炼）；为不同学习风格的学生提供成功的机会，使他们能够对学习建立正面的情感，形成积极的学习动机。另一方面，教师在对学科了解和对学生学习风格了解的基础上，可以帮助学生认识自己的学习方式，了解自己的长处；同时创造一定的学习任务和情境，让学生体验不同的学习方式，体会自己在某些方面需要做出的改进。

在大班授课的情况下，教师不可能针对每个学生的特点施教，适应学生的学习风格只是一种教学策略，其最终的目的还是要促进学生发展。对于学生的发展，有一些目的是共通的，如具备独立责任、团队合作能力、创新思维等。教学的理想是促进所有学生进行深层学习，掌握学习内容，更重要的是通过教学，展示有效学习的过程，帮助学生形成终身学习能力。

第5问：学生喜欢和不喜欢的教学是什么样的？

学生是教学的受益者，学生对教学的期望也会对教师的教学产生很大的影响，教师应该避免不管结果如何的知识灌输式教学，而应尽可能帮助学生进行学习。学生对教学的期望是稳定的，学生喜欢什么样的教学和厌恶什么样的教学具有一些共性。

1. 学生喜欢的教学

（1）教师能够清晰、有逻辑地呈现材料。

（2）教师能够使学生理解学科的基本原则。

（3）学生能清晰地听到教师讲解的内容。

（4）教师能帮助学生对材料进行深入浅出的理解。

（5）教师能保持课程的连续性。

（6）教师对学生的批评是建设性的，有益于学生的改进。

（7）教师表现出具有某一学科的专家知识。

（8）教师在演讲过程中，采用合适的教学步调。

（9）教师不照本宣科，在教学过程中会拓展出教科书中未提到的内容。

（10）教师采用简明扼要的语言进行教学。

（11）教师经常举例说明学科理论的实际应用。

（12）教师布置的作业量与学分一致，不随意增加作业或改变截止日期（尤其是将截止日期提前）。

（13）教师事先做好计划，防止在学期结束时因教材过难而产生慌乱。

（14）教师不会仅依据一次考试或一次作业来给学生评分。

（15）能纵观全局的讲课，即后面的讲课能与之前的讲课或整个课程联系起来。

（16）有现实意义、与学生密切相关的教学。

2. 学生不喜欢的教学

（1）教师布置的作业过多，好像学生只选了这一门课，或者教师认为自己的课显而易见是所有课程中最重要的。

（2）教师没有灵活性，在布置作业和规定最后期限时，没有将特殊事件的处理考虑在其中。

（3）形式单一、缺少插图和范例、枯燥无味的讲课，学生不喜欢太深奥、过于理论化、难以理解的教学。

（4）教师过快地呈现材料，拒绝在需要的时候降低速度，不能根据学生记笔记的速度调整教学步调。

（5）课程过于理论化，教材远远超出学生之中大多数人的水平，需要太多的背景知识。

（6）教师想当然地认为学生已经拥有成功学习某门课程的背景知识。

（7）教师想当然地认为学生已经具有掌握学科内容的动机。

（8）教师的PPT讲稿布满了密密麻麻、难以看清的文字，或者播放时间太短，学生来不及理解其中的信息。

（9）教师声称欢迎学生提问，但是不给学生提问的时间，或者在不喜欢学生提出的问题时取笑学生。

（10）教师要求学生对学科知识的意见和解释借鉴自己的观点，并用考试成绩作为威胁来保证学生服从自己的观点。

（11）教师未能及时更正或更新教案，每个学期都以同样的方式讲授着同样的内容。教师传播着过时的、不正确、不完整、基于自己偏见的信息、解释和观点。

（12）教师上课迟到甚至缺席，且事先没有通知或道歉，却因学生的迟到和缺席而惩罚学生。

（13）教师事先未做好准备，讨论处于无序状态，经常因不明原因偏离主题，学生不能理解教师讲了些什么。

（14）教师的讲授中有亵渎的语言，如有关性骚扰、贫富歧视等字眼。

（15）教师对目前的状况厌倦，对所从事的工作缺乏热情，教学没有激情，讲课单调乏味，不能清晰地阐述教学内容。

（16）教师向学生作长篇大论，其中不做任何停顿。

（17）教师表现得过于自我，不能与学生建立关系，也未能表现出对学生个体的兴趣。教师傲慢、冷漠，不尊重学生，常常威胁学生，还自吹自擂地称自己为"来自地狱的教师"，或者以自己的这种风格自豪。

（18）教师似乎是无法接近的，他不与学生交流，工作时间不在办公室里，在课外时间也对学生没有任何帮助。

（19）教师未能指出为了考试学生应该掌握的东西；教师出的试卷、布置的作业和讲课内容无关；在学生准备考试的过程中，教师未能提供任何帮助；提刁钻的问题；使用专断的或者模糊的评分程序；在给学生打过分后，拒绝学生查看试卷。

（20）教师未能及时返还学生的试卷和论文，不愿接受学生迟交的作业。即使教师返还了学生的论文，也没在论文上作任何评论。

（21）教师偏心眼，特别关照某些学生。

第3节 教师的角色

高校教学中存在很多不同的角色和关系，对于成功的教学来说，这些不同角色和关系的处理和教学技巧一样重要。这一节将陈述这些重要的教师角色，为教师处理好与学生、其他教师以及与课堂之外角色的关系提供广泛的建议。

第6问：如何平衡研究和教学的关系？

教师可能常常觉得教学和研究是两件冲突的事情，时间有限，很难做到两全其美。作为自我提升的必要途径，以及出于自己的愿望，教师常常需要在研究工作中投入大量的时间。许多教师常常因为没有能在教学中投入足够的时间和精力而感到巨大的压力。教学是教师在学校中的主要责任，而且，让学生感觉到你并非仅仅专注于研究也是非常重要的。如何获得两者的平衡呢？

我们建议考虑一下两个任务的相似性：给学生作报告和在会议上作报告同样需要演讲的技巧；设计一个精彩的课程大纲所用的技巧在做文献综述和申请研究经费的计划书中也要用到。教学和研究都能发展教师对一个领域的洞察力，磨炼教师的交流技能，提升教师对有疑义内容的选择和组织能力。因为两项工作需要类似的技能，所以一项工作的提高会极大地回馈、促进你的另外一项工作。

新教师最需要考虑的可能是时间管理的问题，下面这些建议能够很好地帮助他们建立教学和研究的平衡。

（1）考虑集中时间加倍完成自己的教学工作，这样至少能够腾出来一段集中的自由时间来应付研究项目或经费申请报告。

（2）邀请同事就他们的专业领域进行客座演讲（同时自己也给他们做志愿者——这样也有机会先向一些非专业的听众讲述你的研究）。

（3）建立自己的教学资源库，包括教学录像、教学活动、演示文稿，这样当要应付没有预料到的需求而顾不过来的时候能够拿来使用。

你的研究项目同样也可以拿来丰富课堂。这里有一些有效的方法。

（1）在课堂中介绍当前的研究视角、范例与争议。

（2）将最近的研究成果纳入教学内容。

（3）在课程中介绍学科研究中的一般或特定技能，包括文献综述、实验设计、会议演示、论文演示、经费申请计划等。

（4）邀请学生参与自己的研究小组的一些活动，如把要求他们参与学术讨论会、在线会议等作为课程作业的一部分。

教师可以把学生看成是潜在的研究助手，大学生研究助手能够给教师的工作带来热情和新鲜的观点。他们可能有这样或那样的不足，如没有接受过很好的训练，还处在对专业领域刚刚开始了解的阶段，但是他们能够给教师带来的回报是很大的。在教学中也可能会出现新的思路，给教师的研究带来启发，这样的例子在很多学科中都出现过。

第7问：如何处理与助教之间的关系？

助教在本科生的教学中起到相当大的作用。作为作业评分者、讨论的引导者、实验的辅助者和其他教学支持角色，他们对课堂教学做出了很大贡献。教师的职责是协调和监督助教的工作，此外，教师也应注意对助教进行培训和培养。以下几项活动非常重要：

（1）尽可能明确地界定助教的任务，明确你的期望和要求。

（2）界定教师和助教在工作任务上的分工。

（3）做好当助教顾问的准备，向助教提供教学建议，指导其开展学习支持。

（4）定期会面，交流沟通，提供及时的评估和反馈。

第8问：积极与同事交流对教师有哪些益处？

教师应该设法参与到学术和社交活动中，尽可能多地参与所在院系的各项活动。没有教师生活在真空中。虽然一些教师可能沉浸在自己的研究和教学中，但也应该不时地离开自己的办公室或实验室，与院系中的其他人员交谈。一名教师不管教什么班级，有多高深的经验和水平，都不可能完成自己所希望完成的所有事情。他可能在教学的某些方面极为成功，其他方面则可能面临困惑。

（1）对于一名新教师来说，积累经验是成为优秀教师的途径，不要羞于向其他教师询问，要学会分享他们积累的智慧。他们能够帮助你，让你知道你所在院系的运行方式、上哪里查找或询问特定的信息和所需要的资源。你可以请一位资深的教师帮你引荐同事，这样能够了解以后可以从哪些人那里获得有关问题的答案及如何获得想要的资源。

（2）有经验的同事会有不少有关如何引导讨论、实验课教学、与学生相处的经验。询问他们的教学经验是快速提高自己教学水平的有效方式。他们可能也会为协调助教和教师之间的关系、处理可能出现的棘手问题等提供建议。

（3）对于很多问题，向资深人士请教是明智的，他们能不时地给予现实、可靠的建议。院系的资深教职员工能够在诸如研究、学术和如何理解组织文化上提供帮助。

（4）你所面临的几乎每一件事情别人也曾面临过。如果对于教学和研究有什么想法，可以与自己的同事分享，吸引他们与自己合作或为自己的工作贡献力量。同事是乐意帮助你的，但是他们和你一样忙，你必须主动找他们。去他们的办公室，给他们发电子邮件，约个时间一起喝茶或者一起吃午餐。

第 4 节　教学伦理标准

教学作为一种社会事业，和其他社会活动一样，会受到社会规范的引导和约束。在不同的历史时期，人们都会对教学提出要求，以使教学活动具备伦理道德的先进性和正当性。人们对教学伦理的认识常常以教师职业道德标准的形式表现出来。

很多人常常把教师职业道德看成是个人修养，与他人无关，但其实它有更广泛的意义。比如《加拿大安大略省教师职业道德标准》中明确提出了教师职业道德标准的几个目的：

（1）激励教师维护和提升教师职业的荣耀与尊严。
（2）识别教师职业中的道德责任和义务。
（3）指导教师职业中涉及道德的决定和行为。
（4）提升公众对教师职业的信任和信心。

从以上这些目的，我们可以看出，教师职业道德标准很大程度上是作为行业标准提出来的，它旨在提升行业内人们的共识与行为的一致性，以使教学工作给个人、给行业带来更大的回报。对于既定的教师职业道德标准，教师必须遵守。

第 9 问：可以参考哪些有关职业道德规范来指引教学？

不同历史时期，社会伦理道德有所不同，教学伦理标准也会因此而发生变化。现代社会，民主、公平、高效、以人为本等成为社会普遍追求的价值，这些观念或成为教学伦理标准明确规定的内容，或成为教学伦理标准的潜台词。

目前，我国许多高校都制定了有关的师德规范、条例、制度，不同高校甚至不同学院都有专门的教师职业道德规范。整体上，这些职业规范差别不大，主要涵盖以下几个方面：爱党爱国，献身教育；爱岗敬业，刻苦钻研；教书育人，关爱学生；严谨治学，求是创新；关心集体，团结协作；遵纪守法，为人师表。这些规定全面覆盖了教师的教学及科研工作，但普遍存在空泛、笼统、弹性大、操作难的问题。

国外在教学伦理标准上提出了一些具体的行为准则，可操作性强，值得我们参考。

（1）教师应在学生面前保持良好的学术标准和伦理标准。

（2）教师应尊重学生个体并承担起相应的智力引导者和咨询者的角色。

（3）教师应尽一切努力追求学术诚信，应避免"口头剽窃"，即在演讲或教学中把别人的观点或发现当作自己的观点或发现。

（4）教师应确保对学生的评价反映了学生真正的优点。教师对学生的评价应建立在学业成绩的基础上，不应受到与学业成绩无关因素的影响，如个性、宗教信仰等。学生的学业成绩必须以学术为标准，任何与学术标准无关的观点或行为对其学业成绩的评价不产生影响。

（5）教师应尊重师生之间的亲密关系。

（6）教师不应剥削、侵扰和歧视学生，对学生做出不公正的评价。

（7）教师应承认学生在学术上给予的重大帮助，不应将学生的观点据为己有。

（8）教师应保护学生的学术自由。无论是在课堂上还是在会议上，教师应鼓励学生自由探索、自由讨论、自由表达。

（9）教师应该充分备课，不应总是讲授与学科知识无关的东西，也不能不讲授学生提到的或教师们公认的学科知识。

（10）教师不应体罚或威胁学生。

（11）教师应鼓励学生提问，而不是阻止学生提问。

（12）学生应有在课堂之外接触教师的机会。

（13）教师不应迟到或缺席，当学生迟到时，最好不要将学生拒之门外。

（14）在课堂上，教师不应对同事做出负面评价，也不宜批评其他学科的专家。

作为心理学家道德规范的一部分，美国心理学会提出了心理学教师的道德规范。下面为与教师相关的部分，它们对教学行为的一些规定很具体，同样值得我们借鉴。

（1）鼓励学生探索知识，并在他们自由探索的过程中提供各种帮助。教学经常会涉及介绍易混淆的事实和有争议的理论，这些理论可能会让学生感到迷惑。对易混淆的概念，教师不能不向学生解释。当问题与学生相关时，教师应促使学生进行充分的、客观的讨论，从而使学生在面对这些问题时能够根据自己的情况做出明智的选择。对于学生可能会很难接受的某些观点，教师需要在尊重学生的基础上运用机智的教学进行陈述。

（2）鼓励学生学习相关的事实并得出自己的结论。鼓励学生自由地表达批评或支持的观点，这对于学生个人的发展和学科领域的发展都很重要。当涉及的专业领域不是教师个人的研究领域时，教师应告知学生，教师本人并不是这方面的专家。

（3）教师应尊重学生的隐私权。教师不应要求学生提供他们希望保留的信息。教师也不应披露学生在要求教师为他们保密的前提下才告诉教师的消息。

（4）教学活动应该符合学生利益。教学中，只有在活动设计是有利于学生的时候，教师才能向学生提出要求。当教学活动与课程目标没有关系时，即使对学生可能有一定价值，教师也只能让学生自愿参与。

（5）教师建议学生选择自己的领域作为主修专业时，应让学生了解从事这一领域的机会和必要条件。例如，某个领域对本科生仅开放很少的职位，对研究生可以有相当多的职位选择，对于博士生拥有更多的职位机会。

除了上述这些教学伦理标准，还有一些国家的教学伦理标准提出，教师要让自己的专业实践建立在不断的专业学习、有关课程内容和教学法的最佳获知和对所教学生尽可能了解的基础上；教师向学生呈现教学内容时要做到来源可靠、观点平衡；要尊重学生不同的学习方式和学习能力，服务于不同学生的不同学习需要，促进学生身体、情感、社交、智力、精神等方面的发展。总体上，这些教学伦理标准体现了"以学生为本"的思想，强调了教师真诚、正直、对学生负责的道德品质。

本章小结

※ 本章总结了普遍认可的高校教学的成功要素，主要包括良好的师生关系、优秀的课程教学、富有特色的个人魅力三个方面。

※ 优秀教学的特征表明好的教师是可以造就的，虽然有部分特征可能有天生的因素，但是后天的培养也是可能的。成为优秀教师的关键在于能否做一名"反思型实践者"。

※ 教学的目的是为了学生更好地学习，了解学生的学习过程与方法，了解学生喜欢什么样的教学、厌恶什么样的教学，可以让教师更好地调整自己的教学。

※ 高校教师承担着多种角色，需要平衡好教学、研究之间的关系，本章为教师提供了平衡教学与研究的小诀窍，能够帮助教师进行更合理的时间和任务安排，实现教育与研究互相促进。此外，处理人际关系也是教师需要了解的重要方面，这里提供的技巧能够帮助你更好地融入集体，与他人建立互助的关系。

※ 教学是一种社会事业，和其他社会交互活动一样，同样要受到公正、互惠等规范的引导。本章介绍了一些值得参考的教学伦理标准。

第 2 章

教学准备活动

第 1 节　准备教学计划

第 10 问：如何创建教学大纲？

教学大纲是一份专业化的文档，也是一份个性化的文档，它不仅反映出教师对课程内容和教学过程的理解，还体现出教师所秉持的教学态度和教育信念。教学大纲让学生了解课程的教学内容和教学要求，为什么要学习此课程，与先修和后续课程有什么关系，如何学习才能够在课程中获得好成绩。好的教学大纲在学期开始时为整个学期的教学设定了基调，向学生提供了概念框架，是教师与学生的教学契约，一旦设定，不可以随便更改，以体现教学的严肃性。

表 2-1 列出了教学大纲三个方面的作用以及对应的任务和内容。

表 2-1　教学大纲的作用及其对应的任务和内容

作用	任务	具体内容
基本约定：澄清有哪些规定，这个学期将如何安排	⇨ 确定学生和教师的责任 ⇨ 描述合理的教学过程和课程规定	⇨ 清晰、精确的教学日程 ⇨ 评分规则：评分内容及比重 ⇨ 考勤的规定 ⇨ 大作业的规定 ⇨ 学术欺诈与学术自由的规定

续表

作用	任务	具体内容
教学记录：履行问责与档案功能	⇨ 包含对评价教师、课程、培养计划有用的信息 ⇨ 记录课程覆盖的内容、达到的水平、学分的种类（对课程转换、认证、学生获得承认有用）	⇨ 课程名称、所在学期、提供课程的系别、学时数、授课时间及地点 ⇨ 需要的课本及其他资源 ⇨ 课程目标（合适的话可结合职业标准） ⇨ 课程内容描述 ⇨ 评价程序描述 ⇨ 教学过程记录与自评
学习工具：帮助学生成为更有效的学习者	⇨ 告诉学生教师关于教、学以及课程内容领域的信念 ⇨ 关注学生成为有效的学习者需要什么 ⇨ 把课程放在大背景下（它与专业课程体系的关系如何，它如何与学生的生活相联系）	教师关于课程内容、教和学的理念 课程与学生的关系，对他们的重要性 ⇨ 关于如何计划一个学期的信息，包括自我管理技巧、利用课外时间的指导技巧、在测试中获得好成绩的技巧、常见的误解或错误、特殊的学习策略 ⇨ 先修课程或技能 教师和助教可提供的帮助 ⇨ 学校的辅导资源，提供特殊帮助（如帮助残障学生）的学校机构

一个完整的教学大纲通常包括以下几个部分。

1. 课程信息与课程简介

（1）课程名称与编号。

（2）系别。

（3）单元数。

（4）学期。

（5）授课时间与地点。

(6) 课程概述。

(7) 先修课程。

(8) 课程目标。

(9) 学生将获得什么知识。

(10) 学生将获得什么技能。

2．课程日程安排

(1) 各教学单元日期安排（暂定的或已确定的）。

(2) 作业的上交限期与考试的日期。

(3) 课外阅读或其他的预习任务。

3．评价

(1) 作业与测验的形式。

(2) 截止日期或测试日期。

(3) 作业与考试的评分规则。

(4) 最终成绩的计算方式。

(5) 范文或用于体现评分等级的过去的作业样例。

以上为教学大纲的一些基本信息，还可以在教学大纲中涵盖更多的信息，这将使得它能更好地发挥上述三个方面的作用，尤其是能成为更好的学习工具。

4．课程规定

(1) 学校的有关规定（如学术诚信等）。

(2) 院系的有关规定。

(3) 课程的特别规定（如出勤、大作业、合作作业等）。

5. 课程特色及秉承的教学理念

（1）教学理念。

（2）组成课程的概念框架以及为何如此组织教学内容、如此设计教学活动。

6. 修课的相关要求

（1）学生需要上过什么课，或者了解什么知识。

（2）学生需要做出什么改变。

7. 教学策略

（1）授课形式。

（2）必做的活动。

（3）推荐活动。

（4）学习策略建议。

完成教学大纲后可以请其他人看看，就教学大纲的清晰性、完整性等给出反馈。制作一份计划周密的教学大纲需要耗费不少精力，充分利用它能使得你的劳动得到更大的回报，可以在最初的课上给学生分发教学大纲，与他们讨论教学大纲的一些内容，回答他们关于考试或其他方面的问题，并根据情况做合适的修改，把大纲公布到网上，便于学生随时查阅。教学大纲是学生了解课程的第一步，其内容和表述要能够激发起学生学习这门课程的兴趣和愿望。

第 11 问：为什么要写课程计划？

教学大纲更多的是作为面向学生的文档，为学生提供有关课程学习的全面信息，以便师生双方对教学形成比较一致的预期。而编写课程计划的目的是加强教学的合理性，在充分考虑学生特点的情况下，加强教学目的、课程内容、教学方法和学生学业评价等要素之间的联系。这可以看成是一份教师写给自己的行动计划。

清楚的教学目标在课程设计中是基础工具，因为它们能引导对课程内容和教学活动的理性选择，而且对设计有效的评价计划也很重要。教学目标给师生提供了教学的方向性指导，但目标不能过于狭窄，否则就会阻碍高等教育中非常重要的自发性。

表 2-2 所示的课程计划表明确列出了教学目标、教学活动和教学评价的关系。

表 2-2 课程计划表基本要素示例

教学目标	教学活动	教学评价
课程完成后，学生能够：		
产生学习字处理软件的兴趣	⇨ 向学生展示一些字处理软件作品样例 ⇨ 提问学生感兴趣并有意愿制作的作品	⇨ 教师根据观察学生的课堂表现（问答参与程度）来评价

每个目标都由恰当的教学活动和有效的评价形式来匹配。如在上述例子中，呈现作品样例可能就比纯粹的口述更能让学生产生强烈的学习动机。同样，学生是否感兴趣也不太可能通过纸笔测验来测量。

上面这个课程计划根据课程目标提供了相应的教学方法和合适的评价形式。

第 12 问：如何确定教学目标？

1. 制订课程计划前要考虑的具体目标

制订课程计划前要考虑以下具体目标。

（1）学生从这个课程中要学习的最重要的信息是什么？（事实性知识或其他种类的知识。）

（2）学生在学习课程之后应该了解的最重要的观点是什么？（理论、方法、视角或领域中广泛的其他话题。）

（3）学生在课程学习中应该发展起来的最重要的技能是什么？（实验室技能、问题解决技能、创造性技能、写作技能等。）

有的教师还会问自己：学生在课程中应该发展出什么样的态度？如对领域的热爱、对教材的批判性和质疑的立场、对文化性差异的正确认识等。

2. 确定教学目标要考虑的情况和资源

确定教学目标并不是一拍脑袋就能想出来的简单任务，教学目标来自对学科内容的认真考虑，来自对学生和学科的了解。教师应该依据广泛的资源来确定教学目标，包括以下几个方面：

（1）自己和同事所具有的专业知识、技能和态度。

（2）希望学生掌握的思考方式和解决问题的能力。

（3）学生的兴趣、需要和特征。

（4）学科内容，如印刷文献（尤其是合适的教材）所反映出来的内容。

(5) 社会需求。

(6) 专业认证权威机构的要求。

(7) 院系的培养目标或教学目标。

3. 教学目标的写法

课程的教学意向通常通过教学目的或教学目标的形式表达出来。教学目的反映教师的教学取向，常常结合具体的教学内容，概述表达教学意图。教学目标则是更为具体的陈述，描述作为课程学习的结果，学生学完后能够做什么。

以下为教学目标的一些具体例子。

(1) 了解该学科的基本术语。（一般学科目标）

(2) 了解价格变化时，现金收入和实际收入的变化关系。（经济学）

(3) 了解管内冷凝传热和压降关联式。（工程学）

(4) 掌握字处理软件若干基本的操作技能。（教育技术）

(5) 根据对病人的问诊，完整记录病历。（医学）

(6) 建立通过实证研究追求真理的兴趣。（一般态度目标）

(7) 针对同学的批判，辩护自己的观点。（语言学）

每个例子中，教学目标都包含了要求学生表现出某种行为的陈述，以此表明目标达到。现在，如果你再看一遍这些教学目标，你会注意到它们表述了不同种类的行为。前三个教学目标可以归为知识目标，第四个和第五个是技能目标，第六个是态度目标。最后一个教学目标要求了解知识背景，而且具备辩论的技能。

> 三个广义的目标分类——知识、技能和态度，常常用来给目标分组。历来的文献中对每一类都有不同的阐述，比如就知识目标而言，最通用的是布鲁姆的认知技能分类。

教学目标的详细程度具体要看这个目标的使用目的。设计一门课程的时候，其教学目标应该比课程中一段特定的教学时期的目标更具概括性。课程教学目标要简单、清晰、直接，能清晰地表达出教学意图。表 2-3 是两课时的教育技术专业计算机基础课的教学目标，用于 10～20 人一班的四年制学生。虽然这些教学目标涉及的内容广泛，但是足够详细，能够服务于课程计划的目的，能够清晰地向学生传达课程的意图。

表 2-3　教学目标示例

目标	教学活动	评价
产生学习字处理软件的兴趣		
掌握若干基本的字处理软件概念和操作技能		
掌握使用《软件技能速查手册》进行自学的方法		
运用字处理软件操作技能制作作品，借助《软件技能速查手册》自学需要用到的操作技能		
了解更多字处理软件的使用技巧和经验		

第13问：如何根据教学目标确定教学活动和教学方法？

教师使用的教学方法不仅要让教学目标能够被学生认识到，而且要反映出课程设计的取向。如果课程取向主要是传递知识内容，那么教学法主要会是讲授、指定阅读并设计一些问题和练习；如果课程取向是促进学生的智力和个性发展，小组教学和个人指导可能会成为更重要的教学方法。对教学方法的选择受一些因素的决定性影响，其中重要的有：使用不同教学方法的经验；进行尝试的意愿；可以用来支持该教学方法的资源；学生的水平和能力。

除了这些，可能还需要考虑一个重要的方面。课程常常是通过对学科问题进行越来越深入的揭示而构建起来的。例如，学生为新生时，基本的原理和概念可能是教学重点。其后，学科内容可能会变得更加复杂，对学生的要求更高，教学同样可能需要更多的智力和精力投入。

高等教育中经常采用的教学方法有很多，如讲授、小组教学、实验教学等。其他可用的还有现场实习、同辈教学，以及大量的模拟教学技术。值得注意的是，学生的许多学习活动是在没有教学的情况下发生的。因此，需要给独立学习留出恰当的空间。通过下面的课程计划表，结合前面的表格，能够了解教学活动设计这一过程。

表2-4所示的课程计划表明确列出了教学目标和教学活动的关系。

表 2-4　教学目标与对应的教学活动示例

目标	教学活动	评价
产生学习字处理软件的兴趣	⇨ 向学生展示一些字处理软件作品样例 ⇨ 提问学生感兴趣并有意愿制作的作品	
掌握若干基本的字处理软件概念和操作技能	⇨ 按照教材提供的步骤，熟悉字处理软件的基本概念、练习基本操作技能 ⇨ 反思教材提供的问题，写下答案在全班分享	
掌握使用《软件技能速查手册》进行自学的方法	⇨ 让学生探索《软件技能速查手册》的使用方法 ⇨ 教师做必要的操作示范 ⇨ 让学生小组讨论手册的用途和用法	
运用字处理软件操作技能制作作品，借助《软件技能速查手册》自学需要用到的操作技能	⇨ 提供若干制作不同效率工具的情境，如海报、通知等 ⇨ 学生根据自己兴趣选择任务，独立或合作来完成 ⇨ 学生讨论教材提供的问题，对任务进行梳理并制定计划 ⇨ 按照教材的操作步骤，完成效率工具的制作 ⇨ 对于不会的操作技能，查阅《软件技能速查手册》进行自学	
了解更多字处理软件的使用技巧和经验	⇨ 将全班分成两组轮流在教室里走动，欣赏其他学生的作品 ⇨ 让学生自荐和投票推选相结合，选出若干作品依次在全班展示 ⇨ 其他学生和教师对每个展示作品给出建设性反馈	

设计课程时，了解到许多学生已经具备字处理软件的一些基础，因此，最初教学的重点在于激发学生的学习兴趣，这时展示优秀的作品非常有效，学生能够从这些作品中看到还有值得自己学习的地方，不会带着抵触的情绪开始学习过程。课程主要学习的是操作技能，因此最合适的教学方法显然是让学生自己动手，自主的学习过程能够让不同基础的学生都得到探索和锻炼的机会，分享交流环节的设计则能让学生的学习成果变成共同的收获。

第 14 问：如何根据教学目标确定学业评价方法？

将评价方法与教学目标匹配同样非常重要。如果不能做到这样，课程最后往往无法达成期望。教学评价和教学目标的错位可能会导致学生学习出现严重偏差。

设计课程时，区分两种评价很重要。一种评价主要用来给学生提供反馈（形成性评价）。另一种评价主要用来评价学生的能力，并服务于评定等级的目的（总结性评价）。

表 2-5 是字处理软件一课的课程计划案例。由于课程结束的时候没有正式的考试要求，主要设计的都是形成性评价活动。从案例中可以注意到，对学习的评价有一部分留给了学生自己去做。在其他课程中，我们可能会使用书面测验来评价课程各部分内容的掌握情况。

表 2-5 教学目标、教学活动与对应的教学评价示例

目标	教学活动	评价
产生学习字处理软件的兴趣	➩ 向学生展示一些字处理软件作品样例 ➩ 提问学生感兴趣并有意愿制作的作品	➩ 教师根据观察学生的课堂表现（问答参与程度）来评价

续表

目标	教学活动	评价
掌握若干基本的字处理软件概念和操作技能	▷ 独立探索字处理软件,按照教材提供的步骤,尝试完成一些简单的探索任务 ▷ 反思教材提供的思考问题,写下答案在全班分享	教师根据观察学生任务完成情况以及对反思问题的回答来评价
掌握使用《软件技能速查手册》进行自学的方法	▷ 让学生探索《软件技能速查手册》使用方法 ▷ 教师做必要的操作示范 ▷ 让学生小组讨论手册的用途和用法	教师通过提问,看学生是否能够找到某个操作技能在手册中的位置,来判断学生是否掌握使用手册的方法
运用字处理软件操作技能制作作品,借助《软件技能速查手册》自学需要用到的操作技能	▷ 提供若干制作不同效率工具的情境,如海报、通知等 ▷ 学生根据兴趣选择任务,独立或合作来完成 ▷ 学生讨论教材提供的问题,对任务进行梳理并制定计划 ▷ 按照教材的操作步骤,完成效率工具的制作 ▷ 对于不会的操作技能,查阅《软件技能速查手册》进行自学	教师通过审核每个小组的计划把握进度,了解制作前期准备是否充分 教师通过课堂观察,对学生的合作情况进行评价
了解更多字处理软件的使用技巧和经验	▷ 将全班分成两组轮流在教室里走动,欣赏其他学生的作品 ▷ 让学生自荐和投票推选相结合,选出若干作品依次在全班展示 ▷ 其他学生和教师对每个展示作品给出建设性反馈	教师通过量规来对作品打分,除了软件技能的习得情况之外,还关注对合作性、作品创意等进行综合评价

第15问：如何根据课程计划组织课程？

课程计划表中列出来的教学目标、教学方法和教学评价可能与实际日程活动并不一一对应。对于课程计划还需要做一些事情。第一，应该将相关的目标和教学活动编组。第二，教学活动应该有一个排序，虽然不同的教师有不同的具体情况会影响排序，如学期、教学条件等。但是也存在排序的一些教育基本规律，包括：从学生已学过的知识引申到新知识；从具体的经验到抽象的理论；按照事物的逻辑和历史发展；从重要的主题或概念开始；从不常见的、新奇的或复杂的特定情境和现象出发，引导学生逐步理解。

第16问：课程计划需要考虑哪些因素？

课程计划有一些需要考虑的重要因素，这里仅对其进行简单描述，因为它们很大程度上依赖于特定条件下的管理安排。在计划课程的时候，需要考虑以下内容。

（1）协调与管理。课程协调很重要，制定课程计划的人有责任协调相关教师、学生、教学活动、教学评价，以及教学资源的使用日程，尤其要保证教室和设备等教学资源的使用不能出现冲突。

（2）技术与后勤支持。某些课可能需要获得某种技术支持，如在不同的时间里需要媒体技术人员、实验室管理员或计算机程序员的帮助。如果有这方面的需要，在课程计划的阶段就必须纳入考虑。

（3）时间安排。许多课程规模太大，需要在合理的时间外投入更多时间（常常是需要学生投入更多的时间）来完成。这个问题在部分大课学习中尤其突出。分配时间时，教师可能需要考虑所有可用和不可用的时间,以及花在这门课上的时间如何分配。比起把课程涉及的某个话题拉长到整个学期甚至一整年,用整块的时间段来集中处理特定的话题是比较理想的。

第17问:如何通过课程评价提高课程计划落实的质量?

许多教师可能觉得在课程计划部分谈课程评价有些奇怪,可能认为这一活动应该在课程结束之后进行。但是在教学的过程中,教师应该不断评价自己的所作所为,以及课程设计和计划的实践情况。通过评价反思,对教学计划再做一些调整和改善。

课程评价不只是在课程结束的时候给学生发放问卷。做什么评价活动取决于你希望发现什么,在这里,评价的目的主要是为了获取课程或教学信息,以便做出判断或决定。周密的课程计划和课程修订一般需要三个不同方面的信息,这些信息可以通过以下评价方式获得。

(1)学习者和环境评价。在评价中,需要考虑一些影响教学选择的重要因素,如其他相关课程、学生进入课程时的能力情况或学生特征、可用的资源和设备,以及课程的整体设计和计划安排。在评价过程中,可以利用的主要信息资源是课程的文档、学生的记录等。

(2)过程评价。过程评价关注的是讲授、学习、评价和管理的过程,通过评价获得的信息对教学计划进行调整。这里可以询问学生的观点,因为他们经历了整个课程教学。可以考虑使用问卷、意见征集、访谈和讨论等评价方法。

(3)产出评价。产出评价用来了解学生在课程结束时的收获。通常可以通过浏览评价的结果来判断学生是否达到了课程明确表达的或隐含的期望。通过观察某些方面的行为并与学生展开讨论,帮助他们确定对所教授课程的态度。

在教学评价中，可以使用的信息来源有很多，可以使用的方法也有多种，图 2-1 列举了一些常见的评价信息来源及信息搜集方法。

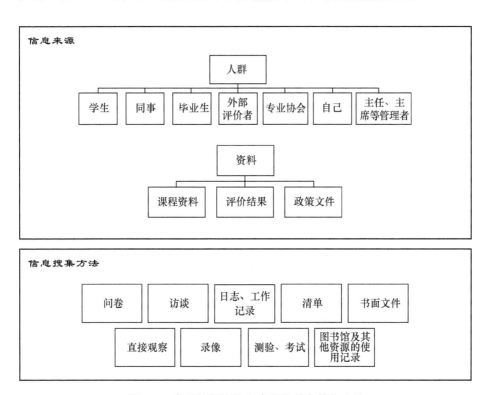

图 2-1　常见的评价信息来源及信息搜集方法

第 2 节　选择教学内容

第 18 问：课程内容的选择要尽量符合哪些标准？

课程内容是一个广泛的概念，包括所有与课程相关的、与学生和教师经验相关的知识、技能和态度。课程的内容应该尽量清晰。下面有一些不同的内容选择标准可供参考。

(1) 哲学取向标准。这些标准关注理论、方法论、价值方面的教学意向。如：
- 课程内容应该服务于提高而不是终止学生智能发展。
- 仅仅考虑技术事务的内容在大学教育中没有容身之地，课程内容还应该包括道德和价值方面的考虑。
- 课程内容应该有益于学生对知识形成深入而不是肤浅的理解。

(2) 专业要求标准。这些标准认为，课程要清晰地反映出实践中的法定要求和需要具备的专业要求：
- 课程内容必须提供进入一个领域的理论和实践经验。
- 课程内容应该包括对职业规则的关注。

(3) 教育心理学标准。这些标准有关心理规律的应用，尤其是学习心理学和教学心理学：
- 课程内容应该经过细致的整合，避免出现知识的碎片，导致学生丧失发展"深入"学习方法的机会。
- 课程内容的选择要提供机会强调并发展高阶思维技能，如推理、问题解决、批判性思维以及创造。
- 课程内容应该与有过程的活动相关，有助于态度和价值观的发展。

(4) 可用性标准。这些标准关心教学等方面的可行性，与资源方面的考虑相关：
- 在缺乏合适的选择材料时，课程内容应该从一两本主要的教材产生。
- 课程的内容会受到一些关键教学资源的可用性的影响，如图书馆资源、计算机设备、人群、物理环境等。
（5）学生特征标准。这些标准关系到所教授学生的特征。这些标准非常重要，学生的特征可能在多方面影响内容的选择：
- 内容的选择可以反映所有学生的情况、需要和兴趣。
- 内容的选择与学生的智能和成熟水平匹配。
- 内容的选择应将学生的不同生活经历考虑在内。

事实上，如何选择课程内容很大程度上取决于教师的性格（尤其是教师对自己角色重要性的认识，对学生角色和课程内容功能的认识），以及教师所教授学科本身的规则和实践。教师需要意识到这一点，在选择课程内容的时候尽量做到有助于学生学习。

第 19 问：如何选择教材？

通常我们会看看可以选择的教材品种，可能会与其他的教师谈论，看看他们使用什么教材，然后试着找到和我们计划在课程中要教授的内容最匹配的教材。下面是选择教材可以考虑的一些项目清单，选择教材的时候可以参照是否符合下面的描述。

1. 对有难度的词语和概念的处理

（1）是否使用了斜体或粗体？
（2）是否列出了新概念并对其进行了定义？
（3）是否在课本中提供了术语表？
（4）如果有术语表，那么它是否以连续的旁白的方式出现？
（5）是否避免使用脚注？

2. 教学指引帮助的使用

（1）每章开始部分是否有一个总览或总括？

(2) 每章结束部分是否有总结？

(3) 每章开始部分是否使用先行组织者[①]？

(4) 如果使用了先行组织者，是否对澄清观念起到了有用的框架性作用？

(5) 行为目标是否可用？

(6) 正文中是否插入了其他问题？

(7) 如果正文中插入了其他问题，它们是否充分提醒了读者后文的信息？

(8) 作者是否通过各种教学指引帮助向读者指明了什么内容是重要的？

3. 印刷组织

(1) 各章节标题是否有等级水平，不同章节标题的等级水平是否一致？

(2) 主要的标题是否大写了？

(3) 下级标题是否使用了提问的方式？

(4) 是否为浏览提供了一些醒目的标志？

(5) 每一章是否提供了一些能够简单、清楚遵循的提示？

(6) 正文是否"组块"以促进更有效的阅读？

4. 插图实例的呈现与恰当性

(1) 使用的插图（示意图、照片等）是否与正文相关？

(2) 插图是否有助于解释正文？

[①] 先行组织者是先于学习任务本身呈现的一种引导性材料，它要比学习任务本身有更高的抽象、概括和包容水平，并且能清晰地与认知结构中原有的观念和新的学习任务关联。

(3) 插图是否为理解正文提供了重要的信息？

(4) 插图是否有标题，是否能提供清楚的、相关的自我解释？

(5) 插图的位置是否在有关文字的附近？

(6) 插图如果在相关文字附近，参考起来是否清楚？

(7) 作者是否使用不同的资料（包括流程表、运算法则与信息图）来保持吸引力？

(8) 如果使用了不同的图表，是否对如何使用这些图表提供了清楚的指导？

5．自我测试的提供

(1) 每章结束之后是否有问题用来测验学生对该章内容的理解情况？

(2) 问题的难度是否合适？

(3) 是否为读者提供了可检索的答案？

(4) 如果提供了可检索的答案，是否提供了精确的信息指出答案在正文中的位置，比如"第 67 页第 3 段"？

6．效果加强

(1) 在每章的结束部分，作者是否为进一步阅读提供了其他的注释或建议？

(2) 如果为进一步阅读提供了信息，作者是否讨论了这些参考资料的关联性？

(3) 这些效果加强资料是否适合于用来指导学生？

7．作者意图的澄清

(1) 作者是否向读者建议应怎样来阅读教材？

（2）如果提出了阅读建议，作者是否对初入门学生和学习了一段时间的学生提供了不同指导？

（3）作者的意图是否是将所有内容很好地连接起来？

（4）如果作者有意图连接所有的内容，标题或下级标题是否提供了这样的信号，使教材的内容成为一个整体？

（5）页面和章节的设计是否有逻辑，是否体现出一致性？

（6）面向的主要读者是否觉得阅读起来容易？

第20问：如何选择补充教学材料？

应该对自己制作的或打算购买的教学材料进行仔细的评价，评价可以从以下方面进行。

1. 相关性

（1）为何要使用该材料？

（2）该材料如何与课程单元或其他材料相关？

2. 内容

（1）材料确实是真实的吗？

（2）材料平衡吗？

（3）材料是最新的，而不是陈旧过时的吗？

（4）材料对学生的知识情况有正确的预估吗？

（5）材料以合适的理解水平呈现了吗？

3. 结构

（1）材料的选择有逻辑吗？

(2) 材料进行了细分，结构清楚吗？

(3) 材料的长度合适吗？

4. 表达

(1) 语言清晰吗？

(2) 表格和插图的效果最佳吗？

(3) 版面的设计让人印象深刻吗？

(4) 材料的呈现方式有趣吗？

(5) 如果是为自学设计的，学生能在没有帮助的情况下使用吗？

第3节 挑选指导助教

助教是学校教学工作中非常重要的角色，他们为学校做出了多方面的贡献。如果没有助教，讨论课、实验课、答疑课等很多课程根本无法开展。助教承担这些教学任务，缓解了教师资源紧缺的问题，也让教师有更多的精力进行课程讲授并开展研究工作。

助教是教师和学生之间的重要联系人，有机会影响有关课程设计和课程内容的决定，并能观察课程的实施效果。教师可以在助教的帮助下更好地履行教学职责。教师可以根据自己的需求选择合适的人担任助教，并确保助教能够有效地履行各种职责，完成辅助教学的任务。

第21问：好的助教需要满足什么条件？

教师可以通过各种方式找到合适的助教。比如，选择自己曾经教过的优秀的高年级学生,向其他的同事寻求推荐等。如果教师熟悉的学生中没有合适的人选,还可以在学校或院系的 BBS 上发布信息,或者给院系的学生群发邮件,通过类似招聘的形式来选择合适的助教人选。选择助教时,最好确认助教能够做到以下几点。

(1) 课前准备。不管是让助教引导讨论、上复习课还是进行实验室指导,助教都需要事先做一些准备工作,准备好需要的材料。

(2) 掌握领域内知识。不管助教以前是否接受过该领域内知识、技能的训练,他们的知识掌握情况必须与时俱进。学生没有比发现助教不了解课程内容更失望的了。

(3) 具备交流技能。助教需要能够清楚地解释复杂的事情,举出有趣的例子,而且能够倾听学生的提问并解答他们的疑惑。掌握公开发言的一些基本技能,对助教的工作有巨大的帮助作用。

(4) 能提供可获得的服务。学生要能够通过各种方法联系到助教,并得到其职责范围内的帮助。

(5) 与教师有良好的关系。助教需要与教师保持常规的、积极的沟通,从学生的角度向教师提供课程进展情况的反馈。

(6) 有组织能力。助教要能够主动考虑什么方法能够使课程进展得更顺利,能寻求更合理的方法提高课程活动的效果,提升助教职责履行的效果。

除了考虑学生的能力和担任助教的意愿外,还需要明确对助教的时间、技能的要求,以及将承担的责任。确保助教能够满足各方面的要求。

第 22 问:如何帮助助教有效行使职责?

助教能否有效地行使职责,任课教师的作用非常关键,教师不能有不切实际的期待，希望助教帮自己把问题都想到并处理好。更多的时候，助教还是需要教师引导他们去开展工作。

（1）尽早与助教见面。

（2）在见面的过程中，清晰地说明需要助教对课程做出的贡献，以及助教可以从中得到的收获。

（3）确定每周的见面时间，交流时鼓励助教畅所欲言，理清课程的细节。

（4）帮助助教协调好作为学生与作为助教的双重角色。

（5）观察助教的工作并给予反馈。

第23问：助教可以在阅读和讨论课中履行哪些职责？

在大多数以讲授为主的课程中，引导阅读和讨论是助教最主要的职责。在这样的课程中，主讲教授负责准备课程、布置阅读任务以及向学生讲授基本原理，助教应该经常去随堂听讲，以便熟悉教学内容，了解学生遇到的问题。

在阅读和讨论课中，学生经常被分为不同的小组，助教可能需要根据主讲教师的指示，每周与这些小组单独碰头，促使学习小组做好准备，帮助他们解决作业中的问题，回答学生的疑问，推荐额外的阅读材料等，并在教学过程中促进参与和互动。助教常常还需要准备课程的测验、考试的题目和答案，并承担部分评分工作。

1. 通常的职责

（1）作为课程联系人，发布课程消息。

（2）随堂上课，与学生交谈。

（3）组织阅读或讨论课的教学。

(4) 负责复习课，复习课程的重点与难点。

(5) 组织学生讨论课程关键概念。

(6) 推荐补充阅读材料。

(7) 批改学生的作业。

(8) 定期提供答疑。

(9) 准备作业、测验和考试的问题与答案。

(10) 组织复习课。

(11) 批改期末考试卷。

(12) 撰写学生评价材料。

2. 可能的职责

(1) 做示范。

(2) 代替老师授课。

(3) 维护课程网站。

(4) 根据授课要求准备教室。

第 24 问：助教可以在实验课中履行哪些职责？

实验课的助教可能需要为学生提供小班的实验教学，同时负责设计、布置、监督和评价学生在实验室中进行的项目。他们还需要定期评估学生的进步情况，并在期末计算学生的实验课成绩。

实验课中，一般需要助教先做一个简短的演示，并说明注意事项，然后让学生开始实验。在一些实验课中，不同组的学生可能在做不同的实验，这需要助教先说明一般性的原则，并在学生需要时进行单独辅导。助教还要准备好方案应对实验中可能出现的问题。

1. 通常的职责

（1）维护和布置实验设备。
（2）熟悉实验的方法和技巧。
（3）在实验前做演示和指导。
（4）指导学生实验，与学生交流。
（5）为实验报告评分。

2. 可能的职责

（1）提供答疑时间。
（2）随堂上课。
（3）设计实验。
（4）编写和分发实验须知。

第25问：助教可以在讲授课中履行哪些职责？

助教有时可能需要讲授部分课程。在这类课程中，助教将负责所有教学内容的讲授、课程讨论以及成绩评定工作，还包括安排时间为学生答疑。负责管理的教师需要定期召集讲授课程的助教开会，讨论相关事宜。如果助教要讲授这样的课程，教师除了要提供授课指导外，还可以提供自己授课的教案和一些辅助材料。

1. 通常的职责

（1）讲授教学内容。
（2）组织课堂活动。
（3）布置和批改作业。

（4）成绩评价。

2. 可能的职责

（1）写教学计划。
（2）课后辅导。

第 26 问：助教可以在评分工作中履行哪些职责？

助教可能需要为学生的项目、论文以及考试评分。助教应该向课程的主讲教师咨询，明确课程的评价标准。

1. 通常的职责

（1）为作业和考试评分，并提供反馈。
（2）准备参考答案。
（3）制定评分的方案。

2. 可能的职责

（1）随堂上课。
（2）协调评分方面的争议。

第 27 问：助教可以在答疑及辅导中履行哪些职责？

助教可以帮助那些在正常课时之外需要额外辅导的学生，通过单独辅导学生或进行小组教学的方式为学生提供指导和答疑服务。

1. 通常的职责

（1）组织答疑课。

(2) 提供单独的辅导时间。

(3) 主动联系遇到学习困难的学生。

2. 可能的职责

(1) 准备足够的问题。

(2) 编写常见问题手册。

第 4 节　善用教学媒体

常用的教学材料和辅助资源有教学课件、板书、视频、印刷材料等。本节将对它们的用法进行介绍。

第 28 问：使用板书要注意什么？

黑板和白板仍然是被广泛使用的视觉工具。但是很少有教师会考虑他们板书的内容和方法，结果很多字书写丑陋而且难以辨认。其实，计划好的、恰当的板书是一件乐事，而且是向学生精确、清楚地演示信息的有力工具。

事先想清楚如何使用板书，并且在教学讲义上做出适当的标记。可以将黑板板书划分成几块，每一块有特定的用途，如分别用于参考资料、图表、讲课的结构或总结等。

下面是使用板书的一般建议：

(1) 从一块干净的黑板/白板开始演示，敲敲黑板擦避免粉笔灰飞扬。

(2) 尽量避免在板书的同时说话，讲话的时候看着学生，不要看着黑板/白板。

（3）书写的时候正对着黑板/白板，随书写移动身体，这有助于书写整齐。

（4）写完以后站在一旁，以便学生能够看见板书的内容。

（5）以提纲要点的形式提供精确的信息。

（6）在标题、重要的词语或新术语下划线，提供视觉刺激。

（7）总是给学生机会让他们记录下板书的信息（如果打算让他们记录）。

（8）谨慎地使用各种颜色，白色和黄色的粉笔对黑板板书都适合。谨慎使用红色、深蓝色和绿色的粉笔，因为它们很难看清楚而且很难擦干净。

（9）如果使用白板，油墨笔的颜色很重要。黑色、深蓝色和深绿色最好。避免黄色、红色和浅色，这些颜色在远处很难看清楚。

第29问：教学视频有何作用？

在所有的教学资源中，教学视频能够给教师提供最大的灵活性和最大的机会来实践新鲜的教学方法。而且随着技术的发展，制作教学视频的技术门槛也越来越低了。但是在开始自己的导演生涯之前，教师应该对市面上可获得的资料范围有一个基本了解，避免做费力不讨好的事。

教学视频可以有如下多种用途。

（1）作为引导性的材料。它们可以用在课程或系列讲课之前，激发学生的兴趣，提供一个总览，为深入的教学打下基础。例如，一个吸烟有害健康的电影可以用来作为健康教育课程中有关肺癌内容的开始部分。

（2）作为信息的主要来源。在许多学科中，新观点、新技术和新产品的最新动态可以通过录像或电影来公布给学生。这样做的好处是，可以在难以亲身体验或直接体验存在一定危险的情况下，为观众提供间接经验。

（3）作为一种方法模型。制作这样的资料很有用，它能够通过清晰的步骤展示，揭示一项技术或某个过程，学生能够观察到这些步骤和过程并进行效仿。例如，在管理课程中呈现如何进行评价性访谈。

（4）作为刺激讨论的素材。具有开放性结果的录像或电影短片能够刺激学生之间的讨论。而且能够引起争论的影片很容易获得。

（5）作为传播的方法。可以将录像放在特定的房间里来传播展示，甚至进行远程传播。如在一个能容纳大量医学学生的电影厅中放映录像，这样所有的学生都能看到手术的操作过程。

（6）作为一种信息存储系统。录像可以记录正在发生的一些事情，并用在以后的教学或研究中。例如，可以将一个特别重要的历史性事件录下来，以备以后的回顾和分析。

（7）作为一种整合视觉和听觉信息的方法。如果你想将各种信息整合到一个信息包中，录像能够起到很大的作用。电影片段、剧照、访谈、录音、照片都可以翻拍下来，并通过整合和编辑做成教学节目。

（8）作为一种多功能的视觉材料制作与呈现媒体。许多教师发现录像是一个方便的工具，可以把某些行为、图片放大，如对一些细微的操作进行放大录像，这样播放出来的时候，肉眼看不太清楚的部分很容易被观察到。同时还可以暂停、重播录像，使学生对学习的材料达到更好的观察效果。

以上并非录像的所有用途，而且这些用途很多时候是同时发挥作用的。例如，在教授临床医学的时候，既可以用录像来放大一些材料，也可以在大的实验室里放映传播，还可以录下教学片段作为学生自学的资源。如果你有某方面的教学需求，也可以尝试制作教学录像，发掘其多方面的用途。

第30问：如何有计划地制作教学视频？

假如想将教学的某些内容制作成录像进行展示，根据计划的复杂程度，可以使用简单的摄像机，或者使用专业的摄像设备、制作系统，后者现在大多数高校都有。制作录像有许多需要考虑的问题，以下问题能够帮助你更好地理清思路，完成这项工作。

1. 计划

周密的计划一般总能够节省制作时间和提高制作质量。计划的第一步是将想法通过故事线索的方式写出来，描述希望向学生传递的主要信息。故事线索可以是简短的几句话，不要超过半页。可能要把某些想法画出草图，把内容形象化。故事线索写好以后，就可以把注意力放到考虑教学、技术、管理方面的问题，以及如何在教学中使用录像。下列问题有助于对这几方面的问题进行有效的思考。

2. 教学性问题

（1）目前这个主题的内容是以何种方式进行教授的？
（2）为什么录像可以替代目前的教授方法？
（3）录像是否是达到目标的合适媒体？
（4）希望学生从观看这段录像中学到什么？
（5）打算在教学中如何使用这段录像（如希望学生在观看之后展

开讨论或做一些练习)?

（6）录像材料是否符合学生的理解水平和技能水平？

（7）如何评价录像教学的有效性？

3．技术性问题

（1）作品的技术含量和放映设备是否能够充分表现所需要的细节和色彩？

（2）完成的录像需要保存成什么格式（DVD、VCD 或者是其他格式）？

（3）是否有足够可用的技术资源保证完成拍摄任务？

（4）是否需要其他的资料，如图片、道具等？

4．管理性问题

（1）是否有足够的人力、设备和资金来完成这项工作？

（2）什么时候需要完成最后的作品？

（3）谁（如果不是你自己）对最后的作品负责？

（4）所有参与制作方是否清楚制作时间表？各事件的时间安排是否合理？

以上是开始录制工作之前需要考虑的问题。如果打算独自制作教学录像，与同事讨论一下对教学性问题的看法会有帮助，而且对一些技术性问题可能还需要寻求帮助。

5．写脚本

脚本是拍摄的详细计划，明确了图像和解说台词的关系，如图像的顺序、节目的叙述方式、需要的资源等。

准备脚本的时候，可以使用空白的卡片纸，在卡片上勾画出形象的想法，注明解说词。然后可以把这些卡片排列成最好的顺序。最好的顺序是什么？回答一个问题的方式通常有很多种，而将这些想法排序的一种通行的方法是从已知到未知，从简单到复杂，从整体到部分，从具体到抽象。排好序的卡片可以作为进一步写脚本的基础。脚本的详细程度取决于制作资源的复杂性。

在写脚本的时候，尽量形象化地思考，使用形象的绘图，而不是写要点。需要注意的是，你是在使用视觉媒体，要发挥它的最大优势。如果发现剧本中有大量的对话，尝试批判性地回顾作品，并看看是否可以用录音带替代录像。

6. 录像

在开始录像之前，应该先确认一下所有的参与者都知道要做什么，所有的设备都能正常工作。事先排练一次会更有帮助。利用录像的回放功能在进行的过程中检查工作进行得如何。工作的时候，记住以下要点：

(1) 让物体移动，尽量避免移动摄像机。
(2) 经常检查镜头的构图，避免图像凑在一堆或视线混淆。
(3) 拍摄的同时记录声音，声音要一直尽可能保持清晰。

7. 编辑

录好的材料常常还需要使用数字化的录像编辑设备进行编辑。编辑的过程是根据剧本的描述挑选一些视频并把它们连接起来。编辑完成后，需要增加声音线索，可能还要包括旁白。

8. 检查

完成录像片制作之后，坐下来检查你的工作，并且做一些技术上或出于教学考虑的必要的调整。

第 31 问：如何制作分发材料提高使用效果？

分发的材料可以服务于多种教学目的，但是这种媒介经常被误用，因为很多情况下材料只是简单地发给学生，然后很快就被遗忘。

图书、杂志、研究指南等印刷材料在教学中占据了很大分量。提高自制的印刷材料的使用效果可以尝试以下方法：

（1）提供简介，将新的材料和学生以往的经验联系起来。

（2）总结主要的观点或论点。

（3）使用大小标题。

（4）在章节段落之间留出空白，减少字数过多带来的压迫感。

（5）表达简洁。

（6）插图、表格和图片有正确的标识（通过一系列的图表来建立一个完整的观念可能比一个详细的图表更好）。

（7）正文中的问题和练习能够促进思考。

（8）看看高质量的报纸和杂志，从中学习一些排版的方法。

第 32 问：如何提高指定阅读的效果？

一些教师给学生开列大量的书目和文章，而不去想想学生如何完成这项任务。如果希望学生阅读某些材料，请考虑以下问题：

（1）希望学生通过阅读收获什么？让学生清楚地知道这一目的。

（2）在接下来的教学中，如何跟进阅读作业？

(3) 推荐的阅读材料是否可以通过图书馆或书店得到？

(4) 阅读如何得到有效的组织？（有逻辑地安排阅读材料，指出为什么列出某个材料，里面有些什么特别重要的内容。）

第33问：可以参考什么标准准备教学课件？

教学课件即教学中使用的教学PPT，在大学教学中已经被广泛使用，课件的制作水平在很大程度上影响着教师的授课质量。制作精良的PPT能很好地激发学生的学习积极性、吸引学生注意、激发学生思考，帮助学生强化学习效果，劣质的PPT则会对学生的学习起到反作用。

因为所授知识的复杂性，大学教学课件往往容易走入各种误区，而不好的PPT不能起到正向引导学习的作用，反而可能压抑、削减学生的学习热情。作为多媒体的一种，教学PPT应该具有较高的可读性，能够帮助读者抓住关键信息，甚至获得美的享受。在准备教学课件时，有必要对信息做好适当的强调和美化，使得读者易于解读出作者希望传达的信息，达到更好的教学效果。下面简要地提出教学课件的三重水平，每个标准都包含了好的教学课件的要素，教师可以结合自己的情况进行准备。

第一重水平是言之有物，逻辑清晰（图2-2）。达到这个制作水平的PPT已经能够让读者抓住关键信息。

第二重水平是在第一重水平的基础上，还能做到图文并茂，阅读友好（图2-3）。图文并茂是指用配图丰富视觉感受，并且配图与文字相得益彰；阅读友好是指PPT具有较高的可读性，甚至不需要教师讲授，PPT自身就能传达出关键点和重要信息。

无线信道中的多径衰落

- **多径衰落**：
  接收机收到的多个子径信号合成的信号，在不同的时间、地点上会时大时小的现象。

- **多径衰落的产生原因**：
  发射的电波经历了不同路径，导致传播时间和相位均不相同
  合成的接收信号幅度在较短时间内急剧变化，产生了衰落

图 2-2　教学课件的第一重水平：言之有物，逻辑清晰

无线信道中的多径衰落

多径衰落：
接收机收到的多个子径信号合成的信号，在不同的时间、地点上会时大时小的现象。

多径衰落的产生原因：
传播时间和相位不相同
接收信号幅度短时间内急剧变化

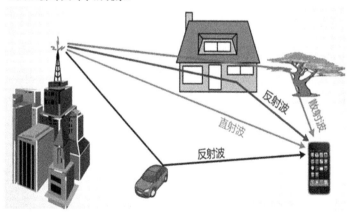

图 2-3　教学课件的第二重水平：图文并茂，阅读友好

第三重水平是在第二重水平的基础上,还能做到细节完美,充分调动读者的视觉和思考,给读者带来更多美的享受(图 2-4)。

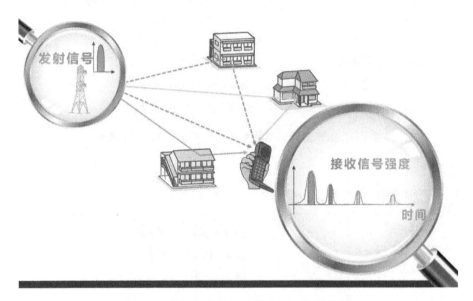

图 2-4　教学课件的第二重水平:细节完美

对细节完美的追求是无止境的,但每个人的时间和精力都是有限的,在制作 PPT 之前,先要有一个定位,然后在时间和精力允许的范围内追求做得最好。如果 PPT 用于日常教学,建议做到图文并茂,阅读友好;如果要用于打造精品课程,建议尽可能追求细节完美。

第34问：在线教学环境下如何增加教学课件的表现力？

2020年突如其来的疫情，并没有从根本上改变教师、学生、教学内容这些教学要素，但传统的课堂授课被迫转为线上教学，师生之间的物理距离相隔大大削减了教师的现场表现力，对教学课件提出了增强表现力的需求，一些原来用着效果还行的PPT在网上效果不佳：要么是满屏幕的文字，要么是画面几分钟都不动一下。这样的画面无法吸引学生的注意力，当然也无法为讲授增色。针对这个问题，可以选用下述方法来提升PPT的表现力。

1. 直播时添加注释

可以使用PPT自带的注释功能，对正在讲授的内容或重点进行"圈划"。这既让直播画面"动"了起来，又能够有效地引导学生的视线跟随教师的节奏，实现传统课堂板书的效果，而且在PPT上的勾画比传统板书可能更直观（图2-5）。

PPT的注释只能在幻灯片放映状态才能使用，包括使用激光笔（Ctrl+L）、笔（Ctrl+P）和荧光笔（Ctrl+I）等3种类型。"圈划"优先推荐使用"荧光笔"，好处是笔画粗（醒目）且不遮挡内容，配合鼠标使用就可以；写板书的话使用"笔"，最好有手写板或触屏电脑。有些直播软件（如ZOOM）也有注释功能，能起到类似作用。

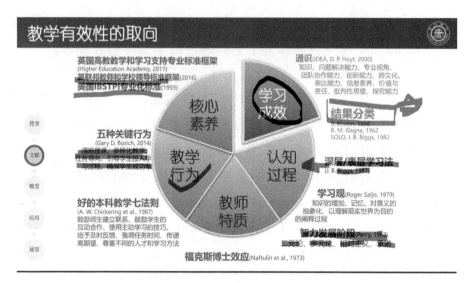

图 2-5　添加注释效果的教学课件

2. 增加动画特效

另外一个"多快好省"的办法是为 PPT 页面中的文字、SmartArt 等元素添加动画。比如常用的"淡入"和"浮入（上浮）"特效，就能在播放的时候增加不少动态效果。

线上教学可以适当增加 PPT 的变化，以增强教学动态感，避免画面的长期静止难以吸引学生注意。

3. 修改 PPT 增加表现力

还可以通过美化修改 PPT 达到增加表现力的目的（图 2-6）。可用的美化方向包括：① 减少每页的文字信息量，只保留最重要的内容；② 在内容转换处适当留白，为直播时添加注释提供空间；③ 结合课程内容增加图片、动画等更形象的信息表达。不同于前面两个建议，修改 PPT 需要教师投入更多的时间精力备课，但这是"治本"的招数，能立竿见影地真正提升教学 PPT 的质量。

 6.2 地下水的排泄

6.2.2 泉的类型

① 受侵蚀作用，潜水面出露地表而成的泉称为侵蚀（下降）泉，多分布在沟坡或坡脚处；

② 当地形切割到潜水含水层的隔水底板时，地下水从含水层和隔水层的接触处出露成泉，故称接触泉；

③ 如果因隔水底板隆起，或相对隔水层的阻挡，使潜水面抬高出露地面而成的泉，称为溢流泉。

④ 受侵蚀作用，当承压含水层的隔水顶板被出露时，常形成侵蚀（上升）泉；

⑤ 断层泉是承压含水层被断层所切，地下水沿着断层带上升涌出地表的泉，多呈线状出露于断层带；

⑥ 接触带泉是承压水受岩脉或侵入体的阻挡，沿接触带的裂隙涌出地表而成的泉，常呈线状出露于接触带。

 6.2 地下水的排泄

6.2.2 泉的类型

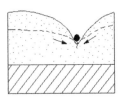
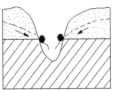
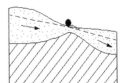

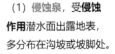

图 2-6　对课件进行美化可以增强表现力

第35问：在线教学环境下如何借助教学课件把握教学步调？

在线教学中，一些老师发现面授 PPT 无法很好地支撑直播授课，这时，PPT 需要考虑在线教学环境条件，做出相应的调整。

1. PPT 中不仅呈现教学内容，而且明确教学指令

很多教师往往都会把在面授中需要学生当堂做的事情（比如随堂提问、互动的游戏、文献阅读、小组讨论等）以口头语言"指令"来向学生加以明确和强调，而 PPT 更像是一本电子书，承载教学内容的表达。这种在面对面课堂上成立的搭配在网络直播时可能使学生不适应。

在网上学生更容易因各种诱惑而分散注意力，稍不留神就可能会错过教师的关键指令，而师生在线交流的不便往往会让教师忽视这种沟通不畅，无法及时做出反应。这个时候如果教师在课前把需要学生做的"指令"尽可能详细地放在 PPT 里，就能更好地帮助学生了解授课的安排和进程。

2. 借力 PPT 演示者视图，把握教学内容

PPT 的演示者视图是教学中非常给力的一个功能。它至少能让教师从容地做到：① 知道下一页 PPT 是什么；② 看到写在备注栏的提示信息；③ 能任意跳转页面。网上直播课堂要使用演示者视图，最简单的方式是在电脑上外接一个显示器，形成双屏扩展模式（图 2-7）。

第 2 章 教学准备活动　　　　　　　　　　　　　　　　67

图 2-7　双屏授课能够帮助教师更好地把握整体教学内容

这样直播时共享的屏幕选择扩展屏（全屏显示 PPT），教师则对着主屏（演示者视图）授课即可。

3. 综合视图，掌握学情

直播授课时教师可能不满足于仅仅看着 PPT，还希望能够同时照顾到直播软件中学生列表、聊天中的发言、自己在摄像头中的形象等。PPT 一旦全屏播放就可能遮挡直播软件的其他窗口，这时候 PPT 的阅读视图可能是个很好的办法（播放按钮左边像一本书一样的图标）。阅读视图与全屏放映最大的区别就是 PPT 窗口可以自由缩小，这样直播软件中的学生列表、聊天、头像就都可以按教师的需要有序排放了（图 2-8）。

图 2-8 阅读视图下可兼顾看到学生列表、聊天、自己的授课头像

甚至有的教师还希望在授课的时候除了播放 PPT，还能有一块白板同时开着，可以在上面写一些板书。这种使用场景更类似于传统课堂。实现的办法还是使用阅读视图，再打开一个画图软件充当白板即可（图 2-9）。

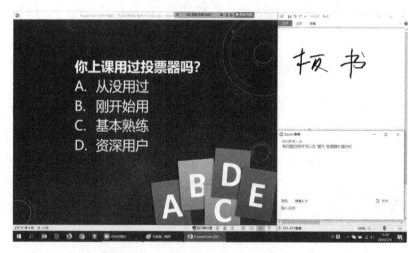

图 2-9 阅读视图下还可打开画图软件，摆放好位置做板书

本章小结

✳ 制订教学计划是课程教学成功的重要保障，计划的关键在于加强教学目的、教学目标、课程内容、教学方法和学生学业评价等要素之间的联系。在这些要素中，教学目的和教学目标是提纲挈领并贯穿始终的要素，课程内容、教学活动和评价方法的设计都需要为其服务，围绕其实现。理想的课程设计同样还要考虑现实的可行性，并且通过对设计方案的检验和评价进一步提高评价的水平。

✳ 教师在选择课程内容和教学材料的时候应该充分考虑到各种要素，不仅包括选择内容本身的价值，还应该关注其对于促进学生未来发展方面的价值。

✳ 助教是教师和学生之间的重要联系人，是教师的得力帮手。助教帮助教师承担各种教学任务，让教师有更多的精力进行课程的讲授并开展研究工作。为了发挥助教的效用，教师需要审慎地挑选助教，明确助教可以承担的职责，帮助助教开展工作，并及时向他们提供反馈，以提高工作质量。

✳ 使用多种教学资源能够丰富课堂内容，提高讲课效率。常用的一些教学资源，如课件、板书、印刷材料等都有一些使用的小诀窍，以便更好地进行教学。随着数字化工具的普及，教师自己制作教学视频可以最大限度地展现创造力。按照书中提供的简单步骤的指导，教师可以开始自己的教学导演之旅。另外，要注意自制的和指定的阅读资料的使用效率，不能让它们沦为学生的草稿纸。

第 3 章

教学基本技巧

第 1 节　教学导入阶段

第 36 问：怎样开始第一次课的教学？

第一次课更多的可能是师生之间互相熟悉，以及让学生了解教学会包含的内容。下面这些活动能够帮助教师较好地达到这个目标。

（1）向学生做自我介绍。教师告诉学生的大多数信息将会在教学中重复，即便如此，还是要不厌其烦地告诉他们。把你的名字、办公室地址、电话号码和电子邮箱地址写在黑板上。如果你愿意，还可以告诉他们你的家庭电话。也要向他们讲清楚哪个时段或哪一天是谢绝打扰的。

（2）如果可能的话，了解选了这门课的学生。教师可以事先熟悉学生的花名册，包括学生的姓名、年级、专业、电话号码、电子邮箱地址以及其他有用的信息。尽早地记住学生的名字，这样会让学生更愿意学习你的课程。如果是小班教学，让学生简单地介绍自己，或者将学生配对，让他们介绍对方。这个方法用在一年级的学生身上十分有效，因为一年级的学生通常羞于发言，但是他们急切想认识新朋友。

（3）让学生解释他们为什么选这门课。很多人可能会说"这门课是在我的课程计划之中的"或者"它是必修的"，但是教师也会听到有人因为兴趣而选这门课。如果教师听到了很多令人气馁的回答"他们让我来的"，那么可以问一下学生，什么能够鼓励他们坚持下去。

（4）询问学生，对于将讲述的学科知识，他们已了解些什么。不同学生的知识积累可能有很大的差异。即使教师从学生的回答中发现他们对自己所教学科的认识非常肤浅、幼稚，也要注意不要使回答者感到窘迫，学生的回答能够使你知道你需要从什么地方开始教学。

（5）从谈论自己入手，对于大班教学，这也许是最合适的方式。学生们希望了解教师本人对这门学科的研究情况，是如何开始对这个领域感兴趣的，为什么认为它值得花费数年或者将整个职业生涯投入其中。在很多情况下，学生会对教师掌握这门学科的方法和他所走过的道路感兴趣。

（6）介绍学科的本质、方法和历史，转移学生对自己的关注。这个介绍可以由消除学生对学科领域的简单化或错误观点来入手。教师可以用一段文字或通过展示一些实物、讲述实验室中有关技术攻关的故事来强化自己的介绍。如果所在的学校或院系在这门课所在领域有历史性的影响，这将提供一个很好的讨论话题。如果话题来自最近的新闻，教师可以将新闻的复印件带到教室中来，问问学生，对于这一话题他们了解多少，并把它作为课堂导入的切入点。在迅速发展的学科领域，这是一个极其有用的"破冰"活动。

第37问：如何利用课堂导入？

一般来说，无论教师的讲课水平如何，一个好的课堂导入是必不可少的，因此教师应特别关注课堂导入的方式。对于许多老师来说，这是教学中最困难的地方。教师在开始讲课之前有必要事先做好充分准备，只有这样，在面对学生时，才不会不知从何入手。

课堂的导入方法有很多，构思精妙的课堂导入能够瞬间激发学生的兴趣、好奇心，吸引学生的注意力。它能够帮助学生辨别内容的重要程度，领悟到哪些内容是需要掌握的。优秀教师的经验证明，指出学生已学知识和将要讲授的内容之间的差异，激发学生的好奇心，是复习之前的教学内容并导入新课的一个好方法。

教学导入通常有以下三个主要目标：

（1）提供有组织的内容。在黑板、屏幕上呈现教学提纲，通过它让学生对当天所讲的内容有清晰的认识，帮助学生在以往所学的内容和将要讲授的内容之间建立联系。

（2）明确目标。让学生对当天所要学习的内容产生清晰的认识。

（3）吸引学生的注意。讲述一个故事或有趣的轶事、问一个问题、举一个例子、引入一个证据、展现一个简短的问卷或其他可以唤起学生热情的东西。

课堂导入最简单的办法就是解释这堂课的目标以及它的组织方式，可以在黑板上写下该节课的教学提纲，给学生一个关于课程结构的相对固定的介绍。那些可见的内容会将学生的注意力从教师身上转移开，让教师有话可说，并且同时可以放松下来。

当教师开始更自信时，就可以考虑一些其他的问题了。教师可以早点到教室，与学生聊一些关于课程的话题，这会有助于了解学生的知识水平。或者，教师也可以用一些相关的问题作为课程的开始，但要注意自己的态度，不要让学生有不必要的压力。当发现学生存在严重的知识缺陷时，教师应该灵活地进行补充、纠正，而不是无视这些问题，完全按照准备的讲稿继续教学。

第38问：如何消除开始时的紧张情绪？

新教师往往会因面对很多学生讲课而感到紧张。当感觉自己不是处于完全放松状态时，可以试着做以下事情以减轻压力。

（1）充分准备。可能很多教师都曾经做过同样的噩梦：自己站在学生面前,却不知做些什么,说些什么。在消除紧张情绪的所有方法中,最重要的一种方法就是事先做好充分的准备。如果事先考虑了所要讨论的所有问题,就会心态平静地去上课。

（2）事先练习。事先练习并不一定能使教学完美,但在正式的课堂教学之前,尤其在尽可能接近真实课堂的情况下大声地做几次练习,会使教师更有自信。可以在一位听众面前事先练习一次,让自己的朋友或者家人当模拟听众。

（3）专注于自己的观点。专注于自己的观点,而不是自己的紧张状态。当人们关注观点时,即使是害羞的人也能大胆发言。

（4）将目光集中在友好的面孔上。教学时,如果留意学生,教师将会发现许多不同的脸。在课堂上,一些学生看起来很紧张,一些学生期望得到满足,一些学生似乎很冷漠,还有一些学生似乎对他们面前的一切感到厌烦。作为一名教师,你一定曾经试图与所有的学生进行眼神交流。然而,如果你确实开始感到紧张,那么将目光集中在友好的面孔上,不再关注大多数学生的目光,这是一个不错的主意。在每一个班级里,至少有一个学生会对自己所讲的东西上瘾,无论自己讲些什么,他都喜形于色。他们是教师的朋友。对着他们讲课一两分钟,教师就会重新获得面向那些冷漠、矜持的学生的自信。

（5）强有力的开场白。开始讲话时一定会感到紧张,所以一开始应向学生做一个容易被学生记住并使自己放松的介绍。

（6）思维体操。通过真实的想象来进行课堂教学的演练。想象自己将会讲什么、如何讲以及学生会有怎样的回应,自己可以如何应对。

（7）使用视听设备或多媒体设备。可以使用它们提示自己要讲授的内容,尤其是有许多技能和信息要讲授时,它们能使教师多少有些信息可看可说。但是请务必尽量看自己的学生，而不是时刻盯着大纲和PPT。

（8）假装充满自信的态度。对于学生来说，教师的态度决定了学生的想法。很大程度上，教师可以控制自己的反应，告诉自己不要紧张。

（9）深呼吸。深呼吸可以消除紧张情绪，在讲台上进行深呼吸是有作用的。人在处境艰难时，最普遍的反应是说话变快，呼吸急促，将小问题也看成是一场灾难。如果你开始感到恐慌，不知道下一步该做什么，或者认为事情注定要变糟糕，停下来做一下深呼吸。呼吸到新鲜空气让你会立即感觉好些，你的声音将变得放松和自信，这会使你的工作更加顺利。

第2节 学生激励策略

一系列的研究表明，学生的课堂参与越多，他们在学习的过程中越主动，学习的体验越愉快，记住的信息也就越多，信息在大脑中保留的时间也就越长。促进学生的参与是改进教学质量的有效措施之一，但并不是所有的学生都会参与到课堂教学之中，教师会不可避免地发现，有些学生不习惯参与课堂教学。针对这种情况，教师可以采取一些策略来促进学生的参与。在这一节中我们将介绍一些促进学生参与的技巧，例如，如何向学生提问、如何对学生回答的问题进行反馈、如何对待学生的提问、如何应对不参与者、如何使学生之间相互交谈、如何应对话痨等。

第 39 问：如何提出丰富而恰当的问题？

众所周知，有效的教学（尤其是有效的讨论）在于充分调动学生的积极性，为此要采取一系列措施促进学生的课堂参与。提问是促进学生课堂参与的主要手段之一。有效的教学并不仅仅在于教师向学生提了什么问题，还在于教师向学生提问的方式。提问有很多微妙之处，但人们往往忽视对所提问题的语序和用词仔细推敲。接下来我们将介绍一些提问的技巧。

1. 提开放性问题

开放性问题就是能够引起学生思考事物的应用、发展、后果和相互关系等方面的问题。开放性问题需要学生进行归纳、分析、综合、比较等一系列的思维活动，而不是仅仅让学生回忆起基本的事实，因此更能调动学生的积极性和创造性。开放性问题更侧重于思维的过程和策略（探求知识的过程），而不仅仅是简单的答案。

非开放性问题，如："第二次世界大战什么时候结束？"答案"1945 年"。

开放性问题，如："日本和俄罗斯的工业布局有什么不同？为什么？"

2. 提支架问题

向学生提问时，可以通过一系列的线索和支架，即由一连串的简单的事实性问题入手，过渡到分析性、批判性问题。一般来说，教师应该按照由浅入深、由易到难的顺序向学生提问，先就基本事实进行提问，在此基础上提出比较复杂的问题。教育界已经提出许多框架来帮助教师和研究人员对不同的思维技能进行识别和分类。本杰明·布鲁姆（Benjamin Bloom）的思维技能分类法可能是最为大家所熟悉的。图 3-1 为布鲁姆的思维技能分类图。表 3-1 示范了如何根据不同的思维技能水平设计不同的问题。

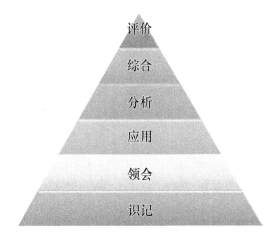

图 3-1 布鲁姆的思维技能分类图

表 3-1 根据不同思维技能水平设计问题

	定义	关键词	学生行为范例	问题设计
识记	对具体事实的记忆 学生是否已经记牢？能否进行识别、鉴别？	识别、描述、命名、列出、辨认、重现、遵循	说出一起交通事故中的受伤人数	这次交通事故中几个人受伤了？
领会	把握知识材料的意义，对事实进行组织，从而搞清事物的意思。 学生能否解释？转换？推断？对比？讨论？鉴别？	总结、转换、论证、解释、说明、举例	描述这起交通事故的经过	你能描述发生了什么事情吗？

续表

	定义	关键词	学生行为范例	问题设计
应用	应用信息和规则去解决问题或理解事物的本质。学生如何解决问题？进行计算？分类？展示？	建造、制造、构造、建模、预测、预备	运用交通法规的规定解释这起事故的性质	它是一起恶性交通事故吗？
分析	把复杂的知识整体分解，并理解各部分之间的联系，解释因果关系，理解事物的本质。学生如何分析？比较？讨论？选择？检验？	比较、对比、拆分、区分、选择、分离	分析发生这起交通事故的各种原因	为什么会发生这起交通事故？
综合	发现事物之间的相互关系和联系，从而创建新的思想和预测可能的结果。需要制订怎样的计划？学生创造什么？发明什么？管理什么？设计什么？	分类、归纳、重构	归纳避免这起交通事故的几种办法	怎样才能避免这起交通事故？
评价	根据标准评判或选择其他办法。学生如何评价？比较？估计？判断？排列？学生推荐什么？如何估价？如何进行辩护？	评价、批评、判断、证明、争论、立论	评判现行交通法规与实际是否能够防止交通事故发生之间存在的差距	交通法规能帮助我们预防这样的交通事故吗？

3. 提出"正确"的问题

简短的、事实性的问题是使学生保持活跃、轻松的良好途径之一，也易于进一步进行复杂内容的教学。与此相反，一个冗长的问答对于师生双方来说都是枯燥无味的，也不能激发学生的创造性。

适当类型的问题有助于课堂管理和对学生的引导。在课堂教学中，要尽量使每个学生都有参与的机会。大多数问题，尤其是评价型和分析型问题，对学生的要求较高，因此对于多数学生来说是一个难题，从而使他们不愿回答。教师可以通过改变提问的方式，把问题个人化，引导学生更多地参与到课堂教学中来。例如："你如何看待这本书（这篇文章）？""作者的观点或风格中最使你震惊的是什么？"

表 3-2 为一些不宜使用的问题示例。

表 3-2 不宜使用的问题示例

种类	不宜使用的原因	例子
"是"或"否"	鼓励猜测，不能引发讨论	2008 年奥运会是在北京举行吗？
多个问题	使学生迷惑，不知道老师希望他们回答哪一个	中国的公益项目有哪些？他们做了些什么事情？
省略的或模棱两可的问题	不知道教师究竟要得到什么信息	压力怎么样？
诱导性、提示性的问题	蕴含教师期望得到的答案，不利于学生思考并得出自己的结论	你真的认为消费者得到他们想要的了吗？
吃力的问题	挑战学生的耐心，不能激励创造性思维	想一想！还有什么？

第 40 问：如何使提出的问题较好地得到回应？

（1）等待学生的答案。不要立即找同学回答问题，应给予学生思考的时间，研究表明教师等待学生 3～5 秒钟，回应的学生将增加一倍。如果等待过程中的沉默看起来漫长、尴尬、令人不快，请忍受它。教师可以带着微笑，耐心、放松地等待学生的答案，这有利于增加回应的学生数量。

（2）每次仅问一个问题。为了引发学生的回应，教师可以多次重复一个问题，以便让学生明确该回答的问题。但是，有时候教师并非如此，他们在同一时间内向学生提了若干问题，以致学生感到困惑，不知教师期望他们回答哪个，从而产生混乱。

（3）不要自己回答提出的问题，仅在学生确实不知道该如何回答的情况下给予答复。某些教师会有意或无意地给出问题的答案，如在问题中本身就蕴含教师期望得到的答案，或者一不留神将问题的答案说出，这样将不利于学生的独立思考。教师应尽量给予学生思考的机会。

（4）重申或重新定位问题。很多时候教师认为他们提出的问题是清晰的，但是事实并非如此。学生往往会感到迷惑，不知所从，从而做出偏离主题的回答。此时，教师应重复问题、强调其中的关键语句，或者调整问题，或者让其他学生来回答这一问题。

（5）使用多样化的探究性和解释性的问题来进行提问。关于主题的目的、功能或背景解释的问题需要采用不同的方法来进行提问。教师应避免用"为什么""解释"等词语来进行提问，而应用一些线索性的词语来进行提问。例如，不宜使用"为什么1997年会出现亚洲金融风暴？"来提问，可以试试："哪些事件导致亚洲1997年的货币贬值和1998年的高失业率？"

（6）多样化的探索性问题能够激发学生不同的认知过程。例如，假定一个学生在社会学课上说妇女最重要的角色是作为母亲的角色，教师可以引导这个学生进一步探索："你为什么这样认为呢？"然后，向所有学生提问将会更有激励作用，如："如果你是女权主义者，你将如何应对这种观点？""妇女做全职工作和做家庭主妇有何积极或消极的影响？""根据你的观点，政府应如何调整政治经济政策？"

（7）提出个性化问题。将问题个性化能促使学生进入教学情境之中，对问题做出个性化的反应和分析，例如："假如是你，你如何看待这本书（这篇文章）？""作者的观点或风格中最使你震惊的是什么？"

第 41 问：如何反馈学生的回答以深化他们的学习体验？

以下是有关如何应对学生回答问题的一系列指导方针。这些指导方针不仅能使学生更加积极地回答问题，而且能够进一步促进讨论。

1. 积极、热烈地肯定学生的正确答案或正确回应

教师应该使用"答得很好""完全正确""切中要害"等语句。这些语句与普通的表扬不同，教师通常会用"好""嗯"等词语来表扬学生的正确回答，但是那些表扬是轻描淡写的。而用"答得很好""完全正确"等语句，则可以给学生更大的鼓励。尤其是对很长的答案，教师应该尽力找到学生答案的优点所在，然后再进行评价。

2. 给学生的特殊回答做出中肯的评价

例如，如果一个学生为以下问题提供了一个很好的答案："阿根廷对马尔维纳斯群岛的占领有什么意义？"教师可以说："回答得很好，你考虑到了国家政治因素，提到了阿根廷有成为南美洲的领导者的欲望。"

这种评价以一种明确而且强烈的方式给了学生非常正面的肯定，这也显示出教师认真听了学生的观点。这种评价比一个象征性的"回答正确"更有意义。

3. 在学生回答的基础上回应

在学生回答之后，如果教师继续讨论这一问题，应当尽量将学生回答的关键要素和讨论结合起来。结合学生的答案进行进一步的讨论，这显示出教师对学生观点的高度评价。也可以通过明确指出学生的名字表扬学生，例如，"正如刘丹所说的，马尔维纳斯群岛的国家政治地位……"。

4. 谨慎对待学生的错误答案

学生犯错时，不要违心地说"回答正确"。一些教师不研究学生的答案，在听到他们想得到的答案之前，不断重复："有趣，还有谁有其他的观点？"因此，"有趣"成了"错误"的代名词。我们提倡直接、诚实的评价，与此同时，对学生错误答案的评语措辞要谨慎。学生在教师和其他同学面前回答问题时，内心是脆弱的，即使是细微的语调或面部表情变化也可能会让他们有被贬低的感觉。大多数教师不会直接说学生或他们的答案太愚蠢，但是在和学生交流的过程中，他们会无意中表达出他们的确认为学生或学生的答案太愚蠢。切记，如果你使学生灰心丧气，学生的参与水平将直线下降。

5. 避免使用诸如"是的，但是……"之类的语句

当学生的答案完全或部分错误时，教师经常会使用诸如"是的，但是……"此类的语句来回应学生。诸如"是的，但是……"之类的语句，先是指出学生的回答是正确的或者说是合适的，然后又立即收回了对学生的表扬。虽然教师的本意可能是积极的，但这些语句的整体影响是负面的。

以下推荐的方案也许比上面提到的方式更能让学生愉快地接受。

（1）等待5秒钟，以期待另一位学生能够自愿做出正确的或者更好的回答。

（2）询问学生："你是如何得出这个答案的呢？"（注意，不要只是

在得到不合适的答案时才这样向学生提问,这也可以用于得到了一个相当不错的答案时。)

(3) 或者说:"关于 A 方面,你回答对了。这一点很好,关于 B 方面,你回答错误。现在我们需要纠正一下 B 方面,那样我们才能完全正确。"

(4) 教师也可以说:"谢谢你的回答。还有谁想回答这个问题或者想对刚才我们听到的答案做出评价吗?"

这几种替代方案可能并不适用于所有的课堂教学。指出学生的错误或部分错误总是让教师感到困难,因为很多学生对教师的批评太敏感。但是参照以上几种方法,也许你能够创造出其他更适合的方法。

6. 鼓励多种答案而不是一种答案

教师不必对每个学生的回答都做出评价,不必对每个学生的答案都用同样的时间给出回应。教师可以收集学生的若干个答案,提炼其中的要点,并将这些答案中相互关联的部分整合在一起。

7. 鼓励不同的学生参与

常常会遇到一个学生(有时候可能是好几个学生)非常热衷于课堂参与,当教师提问时,无论是什么问题,他总是第一个举手。对于这种情况,教师和其他学生可能都会感到厌倦。对这样的学生,你可以私下向他解释你非常欣赏他的参与精神,但是其他学生可能会因为他的热情而放弃思考。你希望能鼓励所有的学生参与到课堂中来,如果他表现得克制一些,你能更好地促进整个班级的参与。

我们可参照表 3-3 了解一些有关应对学生回答问题的技巧。

表 3-3　学生回答问题后教师的应对技巧

技巧	策略	方法
等待	教师将注意力从学生的答案转移到班里其他学生身上，给其他学生提供回答问题的机会	和班里的其他学生进行眼神交流，用眼神告诉他们你需要全班学生的参与
认可	给予学生非语言的认可	"是的。"点头告诉学生你已经听到回答
重述或者重新定位	重复或重新描述学生的答案，让其他同学来做评论或扩展	"王佳说……其他同学有不同的观点吗？"
探索	请学生详细阐述他的答案	"你的……观点很独特，能说得再详细点吗？"
重新聚焦	请其他同学反思别的同学的答案	"这适用于所有的情况吗？"
中断	对学生的回答进行干预，如缩短个人独白，或者停止对一个特殊的想法进行长时间探索	"让我们在一个更深的层次上来检查你的第一个观点。"
评价	不时对学生的观点表达自己的判断，或者纠正一个错误，或者给予学生一个讨论的方向	教师可以试着用"好，事实并不与……一致"来纠正学生的错误，或者在讨论中始终用诸如"很好"的语句来激励学生

第 42 问：为什么学生不积极地提问？

学生不积极提问有自身的因素，也可能有来自教师的因素。如果是来自教师的因素阻止了学生提问，改变起来也许比改变学生更容易一些。

（1）如果只有少数学生提问，这意味着可能大多数学生并未注意教师的言语，并未深入思考当前的话题。

（2）学生可能因为担心被老师批评而害怕提问。

（3）学生不敢提问，也可能是因为学生认为教师不希望他们提问，也就是说，教师某种程度上阻止了学生提问。一般来说，这种阻止是含蓄的，很少有教师直截了当地说"不要向我提问"。教师处理学生提问的一些消极方式有：①"请你等几分钟再提问。"②"我们昨天已经讨论过这个话题。"③"这个问题并未切中要害。"④ 有些时候教师在回答学生的问题之后会说："这个问题耽误了很多时间，我们之前讲到哪里了?"

在经历过上述任何一种消极的处理方式之后，学生可能会说："我再也不会在课堂上提问了。"也许有人很难理解教师为什么会用这种方式来阻止学生的提问，下面的解释或许能较好地说明这种现象。

（1）教师认为自己不仅要控制课堂教学的内容，而且要控制课堂教学的程序。他们认为教师需要讲完课程计划中的所有内容，所以时间是宝贵的，而通常没有足够的时间讲完所有的内容。因此，他们阻止学生提问，因为学生的提问会使教学脱离原计划要教授的内容。对于这种看法，教师需要了解偏离讲课规划没什么大不了。高校教学最大的回报之一是通过教学和听取学生的观点，学者有不断反思学科的机会。有时候"偏离"的评论是激动人心的、新颖的（对于教师本人来说也是新颖的）。遇到这种情况时，教师和学生应一起分享，一起庆幸。

（2）教师担心如果学生提问，自己会失控或没面子。教师希望在学生面前表现得知识渊博，当教师回答不了学生的提问时，教师会感觉窘迫不安。然而，害怕课堂失控或自己丢脸这类事情的发生是不必要的。首先，这类事情发生的可能性很小，而且教师可以使用回答问题的策略把学生的提问往好的方向引导。教师必须权衡允许、鼓励学生提问带来的益处和维持严格控制的好处。

第43问：如何鼓励学生积极地提问？

请学生提问时，要求他们清楚地陈述，教师自己耐心地等待，并感谢学生做出的贡献。例如，一位教师可能希望学生提出已经学过的有关莎士比亚戏剧的问题。教师可以问："对于我们已经提出的观点，谁有问题或看法？""在这一点上你可以随意提有关主角和配角的问题。"

告诉学生提问并不是愚蠢的表现，而是对主题的关注和思索。在学生问及一个观点，而这个观点教科书里已有或已经讲过时，注意不要传递一丝你认为学生愚蠢的信息，最好也不要与学生开玩笑。

第44问：学生提问偏离预期时应该如何应对？

许多高校教师在学生提问题时会感到不安。一些教师并未学会如何对待学生的提问。这里的对待指的是教师如何以一种宽泛的视角来看待学生的提问，而不是就问题本身讨论问题。对于希望学生深入思考所学内容的教师来说，有技巧地回应学生提问是必不可少的，因为学生思考的结果之一就是学生提问。

（1）当你不理解学生的问题时。让学生重复或重新定位该问题，不要不愿意承认你不理解。如果还是不理解，向其他学生求助，或者向你的学生道歉并告诉学生你需要在课后解决这个问题。

（2）当问题与课堂教学内容无关时。如果问题本身不错，只是在这门课这个时间提出来不合适，可以认同问题的内在价值，但是不要因为回答这个问题而使当前的教学偏离主题。如果在这堂课以后的时间里能够给这个问题一个详细的答复，请告诉学生什么时候能得到预期的答案。一旦作出承诺，请务必记下这个问题，如果你能对着你的学生说："秦莉，还记得你曾经问过的铸铁的热传递问题吗？现在我可以给你答案。"那么你将会比回答问题本身收获更多。

（3）当你不知道问题的答案时。不要用好听的术语和话语权威来敷衍学生，捏造问题的答案是不道德的。诚实些，没有法律规定教师一定要知道每个问题的答案。即使在你的专业领域，你也有不知道的东西。当你带着含有问题答案的参考资料回到教室时，你会树立一个好的榜样。最好使你的学生参与到搜寻答案的过程之中，例如，邀请他们去图书馆和你一起寻找问题的答案。

（4）学生的问题显得愚蠢时。这种情况是存在的。例如，学生的问题你昨天已经在课堂上作了15分钟的解答，而当时那个学生也在教室里。或者学生问你该如何解答某个问题，而3天前的作业包含这个类型的问题，并且你已经讲解了这个类型的问题该如何解答。占用宝贵的课堂教学时间回答一个85%的学生都知道该如何解答的问题不合适。你可以告诉他们在哪里找到问题的答案，而不要占用太多课堂教学时间重新讲解。

（5）学生的问题挑战你的权威时。例如，"你为什么让这门课的考试这么难？""你曾经告诉过我们需要从阅读中了解些什么吗？"这些问题可能会使你失去冷静，但不要那样，要保持冷静。微笑着，尽你的最大能力给学生一个诚实的合理的答案。礼貌、委婉地避免争论的可能性，私下里解决这种问题。筋疲力尽地在公共场合和学生争论会使你陷入困境，即使最后你胜出。

第45问：如何使学生在讨论中相互交流？

最好的讨论应该是班级里很多学生都参与发言并彼此交谈。这种状态往往很难达到，通常你会发现自己处于"打乒乓球式"的对话——一次只有一位学生与你交谈，或者陷入所有的学生都只与你交谈的模式。如何才能使学生彼此之间相互讨论呢？下面是一些使学生彼此之间相互交流的方法。

（1）让他们知道你希望他们相互交谈。让学生依照你的期望、目标行事，其成效是令人惊异的。

（2）鼓励他们互相问问题、回答问题，而不是教师亲自回答问题。例如："你们中的其他人同意这个观点吗？""这个论据合理吗？"

（3）仔细听学生说了些什么。只有仔细听学生说了些什么，才能获得每个观点的本质，才能帮助学生更好地交谈。只有理解学生所说的、记住学生所说的，你才能将学生彼此的观点联系在一起，引发学生之间的对话。在听了刘玲的发言后，你可以说："实际上你不同意几分钟前李辉说的（解释李辉的观点），是吗？"或者"那么，你同意李文超的观点？"或者"这多大程度上与陈建刚刚说过的一致呢（总结陈建的观点）？""李辉，刘玲的观点几乎与你的观点相反，她们的观点能使你信服吗？"

（4）在恰当的时间打断学生之间的讨论。一旦学生习惯于彼此交谈，他们会自动做这些事情。作为讨论的辅助者，你需要在恰当的时间打断学生的讨论，以便推进课堂向既定的目标深入。教师应尽可能使这种打断得体，例如，"大家知道，这个讨论刚刚触及我们考虑的重要主题……"，或者"事实上，虽然你们都在辩论，但是我不认为我们能够充分地回答问题。除非我们考虑另一要素，也就是……"。

第46问：如何应对不参与交流的学生？

教师为学生沉默而感到忧虑。教师忧虑的是，不清楚学生不参与是因为缺乏参与技巧还是学生的个人选择。一些教师认为讨论技巧是大学学习的重要内容，如果学生未能发展这类技巧，可以说他们所受的教育是有缺陷的，教师有义务尽自己的最大努力弥补这个缺陷。有一些教师则认为，学生有权利选择是否参与，教师没有权利侵犯学生的权利，强迫学生在课堂上发言。作为讨论的引导者，你要做的第一件事是决定遵行哪一种哲学。

如果你认为所有的学生都应该参与，你可能会采取点名的策略，而不是等待他们自愿参与。如果这样做，你应该在学期一开始便告诉学生你的策略。在讨论中，你和学生之间应是一种相互支持关系而不是充满敌意的关系，只有这样他们才不会感到恐惧，或者抱怨发言使自己很难堪。

另一方面，如果你赞同第二种思维方式，那么不参与者可能不会令你担忧。当然，许多教师虽然尊重学生的选择，但是仍然为不参与者担忧。因为有的学生确实希望能够参与到课堂教学中来，但是某些原因阻碍了他们实现自己的愿望。沉默的学生可能害怕在公共场合发言，可能对他们的观点缺乏信心，或者害怕别人说他们愚蠢。与积极参与课堂教学的学生相比，他们也可能是思维反应较慢或者更习惯于系统思考。

如果学生不愿参与，或许你能够帮助学生战胜这些困难。以下是两种应对不参与者的方法。

（1）在学生发言之前给他们写下自己观点的机会。这样做能够帮助那些对自己的观点犹豫不决的人和没有足够时间思考的人。让学生就某个主题准备一两段短文，提交给教师批改（不评分），学生可能会因此受益。在论文反馈和私下的讨论中鼓励沉默的学生，帮助他们建立自信。

（2）在小组中和其他活跃的课堂参与者一起完成学习任务能够帮助害羞的学生消除恐惧感。合作学习是有益的，它能够引导沉默的学生和其他同学建立更具创造性的关系。

如果你的所有努力都以失败告终，请不要因此而担忧。再来一次，一些学生只是未能适应在讨论模式下的工作或学习方式。

第47问：如何应对话痨？

与某些学生不愿意参与的情况相反，教师的问题刚说完，一些学生便站起回答每一个问题，而且长篇大论，频繁打断其他同学的发言。公平起见，必须设法限制这类学生，使每个学生都有发言的机会。

（1）通过微妙的眼神交流告诉学生，你注意到他愿意发言，但是不要给他发言的机会。在你的问题说到一半时，你可以一边说话，一边直视热情的学生，朝他们微微点头，在结束提问时，目光转向房间里的其他地方。学生会领会你希望更多学生参与课堂发言的用意。

（2）拒绝学生发言时尽量温和些。例如："马科，我确信关于这个话题你有很多好的观点，但是听你的观点之前，让我们一起听听其他人的观点。"

（3）对于一位不断独白的学生，教师可以带着微笑说："在这个主题上让我们给其他人一个机会，好吗？"这样一句话会起到很好的效果。

（4）如果学生一旦有机会就说个不停，教师应设法找到一个得体的方法来打断他。例如，可以说："等一下，让我们把焦点集中在你刚才说的最后一个观点上。有谁能来设想一下这个观点与……的关系是什么？"

如果这些方法都无效，可以在课后将这个学生留下，诚实地告诉他，你的确欣赏他所做的贡献，但是担心，这样其他同学发言的时间就不充足了。

第 3 节　调整教学步调

第 48 问：如何确定教学步调是否合适？

你的教学步调是过快，刚好合适，还是过慢？学生对教学步调的看法和你的一致吗？教学步调的关键是学生是否能够理解教师所说的内容，教师能否把握住学生的理解情况。接下来就教师如何培养对教学步调的感觉，提出几个建议。

（1）鼓励学生反馈，并积极关注学生的反馈。学生的反馈不仅仅是口头反馈，你还可以从学生的面部表情、身体姿势、肢体运动、记笔记时的动作中感受到学生的反馈。

（2）观摩其他教师的课堂教学。尝试像学生那样记笔记，以这种方式，你能够体会到意想不到的东西。

（3）给自己的课堂教学录音，然后根据录音记笔记。如果你自己感觉有问题，想象一下你的学生初次听到这些内容时会有怎样的感觉。

（4）查看学生听课时所做的笔记。看看他们记了哪些东西，他们记下来的东西与你讲授的内容是否一致。

第 49 问：哪些因素会影响教学步调需做出调整？

教学步调该加快还是放慢和许多因素有关，教师应该注意以下几个方面。

1. 教师讲课时要求学生做什么

教师对学生提出的听课要求对教学步调的影响很大。如果仅仅要求学生听清楚，那么教师即便以较快的速度讲课，学生也能够理解教师所讲的内容和观点；而如果教师要求学生记笔记、思考或者解决问题，讲课的速度应当适当变慢。

笔记的类型对教学步调也有很大影响。例如，相对于要求记下重要概念的笔记而言，要求记下细节的笔记需要较慢的讲课速度。

2. 新材料的数量和比例

对于学生来说，教学内容中旧的概念越多，教学步调越快，这是因为人们对新材料的处理速度要比旧材料慢。旧的概念能够引发现存的记忆结构，无须发展新的结构来同化这些概念。结果学生会不停地点头——"是的，我知道。"

对于新的概念，学生必须建构一个新的记忆结构来处理它，那将占用较多的时间。概念越新、越不同寻常，占用的时间越长。如果新的概念能够和现存的结构建立联系，进展就会比较顺利，时间也不会需要太多。教师可采用类比的方法，帮助学生建立新旧概念之间的关系，帮助学生理解新的概念。

3. 专门术语或陌生词汇的使用频率

学生对教学材料新颖程度的感知程度与他们对教学过程中使用的词汇的熟悉程度有关。当学生抱怨教学中使用太多行话的时候，教师往往会怒气冲冲地批评这些抱怨："这些术语早晚都要学的。"但是我们应该停下来想想，是否因为使用陌生的术语造成了教学步调出现问题，是否应该做出调整。

学习专门术语就像学习一门外国语一样。当你学习一门新的语言时，你听到一个句子，将它翻译成汉语，然后对这个句子进行信息处理，这个过程是相当单调乏味的。如果外国人说了一个你不理解的词，信息处理的过程将伴随一个可怕的停顿：（1）试图确定你不认识的那个字；（2）试图结合字词所在的背景来理解它。与此同时，信息并未中断而是仍在持续，你会因此错过停顿过程中的东西。

学生听课时听到专门术语时也会如此。除非他们对学科语言比较熟悉，否则将所听到的东西"翻译"为日常用语需要花费很长时间。使用的专门术语越多，信息接收中断的次数越频繁，学生对教学步调的抱怨也越多。遇到这种情况你该怎么办呢？不应停止使用那些术语，学生确实需要而且最终也会熟悉那些语言。但是，你可以采取以下措施，减少学生的抱怨：（1）对待入门学生更加耐心；（2）将新的术语写在黑板上；（3）在提到专门术语时停顿一下，给学生信息处理的时间，使信息流的中断最小化；（4）在使用专门术语时，重复、重述专门术语或者减缓讲课速度。

4. 材料的复杂程度

材料的复杂程度（材料的内在逻辑结构）对教学步调有很大影响。结构简单的材料（如只涉及两方面影响因素的观点）相比结构复杂的材料（涉及多方面影响因素的观点）来说，可以在较短的时间里向学生呈现。材料的复杂程度也与所表达观点的抽象或具体程度有关联。对于大多数学生来说，处理和具体实例或视觉形象相关联的观点比处理抽象的观点速度快。

5. 句子结构的复杂程度

教师除了要考虑材料的复杂程度外，还要考虑句子结构的复杂程度。过长的句子往往会让人在理解的过程中偏离主题。在书面语中，复杂的句子结构没有问题，因为读者可以调整读书的步调，可以退回去重新读。如果讲课的时候使用的句子过长、过于复杂，要求听众在理解句子之前记忆许多东西，听众理所当然会感觉步调过快或感到迷惑不解，最终会抱怨教学步调过快。

6. 课堂组织得好坏

当课堂教学组织得好时，教学步调不会成为问题。从学习者的立场来说，大多数学生并不能吸收所有的内容，他们只是从主要观点中抽取了一个大纲，吸收什么取决于课堂教学的背景。课堂教学组织得越清晰，学生越容易获取教学内容中的主要观点，教学步调越合适。使用下列简单的方法可以使学生跟得上教师的教学：（1）在讲课之前或者讲课过程中在黑板上写一个大纲；（2）使用一些过渡语句，如"下一个主要部分是……"；（3）借用可视化工具来介绍新的主题。这些方法并不复杂。这就像在画地图时标出其中的要塞，地图越简洁，越容易被人理解。

第 50 问：在线教学环境下如何安排互动？

过去三十年世界高等教育的教学发展大概只做一件事情，就是想尽一切办法让教师在课堂上少点讲授，多点互动。因为过去几十年对教学科学（包括学习科学）的研究都指向"有效的互动更有利于激发有意义的学习"这一结论，这可能是当代学校教育教学变革中最重要的潮流和趋势。然而，疫情期间的在线教学很多课程是教师讲授，师生间的互动较少；学生很多都是通过群聊留言，在线直接交流不够流畅。

1. 在线教学更需强调互动

疫情下在线教学的师生互动缺乏有很多原因：① 一些教师对在线教学颇为陌生，能直播"讲"出来就不错了；② 很多技术工具都需要师生去上手熟练，"互动"增加了师生学习和实践的复杂性；③ 最关键的，可能老师本来上课就没有互动的习惯，也缺乏设计互动的经验和能力。

这些情况都有合理的地方，但也都逃不掉"以教师为中心"的思考视角和"重视投入，忽视产出"的局限。其实，教学互动的正当性取决于有效学习是否能被激发。

在线授课的情况下，不但不应该减少互动，相反，要比平时更强调互动，因为相较于面对面的课堂：① 教师隔着小小的屏幕更难以及时把握学生的学习过程状态；② 教师更不易于做出针对性的反馈乃至适时调整教学步调；③ 教师更需要通过互动调动学生参与学习过程。所以，互动在线上教学中尤为重要。

2. 可借助注意力变化规律把握授课的互动时机

美国著名的慕课平台 edX 曾做过一项大数据调查：用户实际观看网上微课时长的中位数都不超过 6 分钟。而且 6～9 分钟长的视频是个拐点，更长的视频实际观看的中位数反倒会下降。所以一般网上传播的学习视频都建议不要超过 10 分钟，这个原则叫作"宁短勿长"。这种现象在面授中其实也会存在，教师讲授时间一长，学生就容易走神。这一现象背后反映的是学习者注意力的基本规律。英国开放大学的格雷厄姆·吉布斯描绘了学生听讲随着时间流逝的注意力变化，称为注意力曲线。高专注的注意力只能维持在开始的 10～15 分钟。

不管是"宁短勿长"还是注意力曲线（图 3-2），都可以很好地指导我们找寻直播课堂互动的时机。教师只需要将原来一路讲授的内容按照知识点的"起承转合"做"碎片化"处理，切分成每段不超过10~15分钟的片段，在知识点之间插入互动（图3-3）。

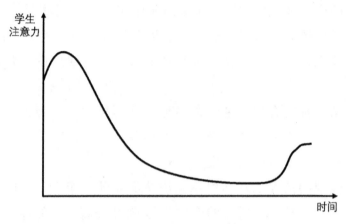

图 3-2　注意力曲线图

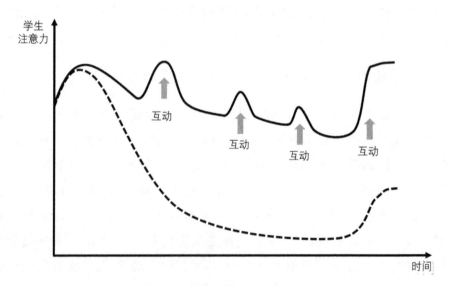

图 3-3　优化后的注意力曲线图

3. 适当插入检测环节增加互动

如果教师觉得一时很难改变自己的理念，无法习惯于前述这种"细嚼慢咽"的授课节奏，那么还有另外一种策略。教师对所教内容的重点和难点通常胸有成竹，那就在讲授这部分内容的前面和后面插入互动。这样可以通过学生在前测和后测中反应的变化直观地了解自己对难点重点的讲解是否有效，同时增加的互动也有助于学生对知识的内化。

4. 互动的形式

（1）布置作业

"布置作业"可能是教师最容易在直播中应用的一种互动形式，因为：① 通常所有课程都有作业，不需要教师从无到有进行设计；② 作业往往跟课程的教学内容、学习目标已经融合匹配；③ 教师熟悉作业这种传统的学习环节，不至于陌生畏难。教师唯一需要调整的是，使原本在课后以非监督形式完成的作业，提前部分或全部到直播课堂当中进行，在教师监督下完成。

作业的类型可能因学科和课程而各式各样，在直播中选用适切的互动形式非常考验教师的信息素养。如果是个人书面作业，可以让学生当堂把作业的答案写在纸或本子上，上课结束前或课后限定时限内，让学生拍照并通过学习管理系统（任意支持文件上传的平台）以文件形式提交。对于作品、表演等非书面作业，直接用拍照或录像上传的方式。这几乎是一个万金油策略，能胜任绝大部分作业的提交，且有效地预防抄袭和"搭便车"现象。小组作业（如小组讨论、合作作品、汇报）相对更复杂些，需要用到能支持学生小组活动的平台，如果直播平台并没有很好的小组互动功能的话，建议还是把这类任务留在课后通过学习管理系统完成，论坛、小组论坛、小组作业甚至互评现在基本已经是学习管理系统的标配了。

（2）有效提问，增加学生作答率

除了作业，提问也是一种古典而永恒的互动形式。不论是孔子"不愤不启，不悱不发"的循循善诱，还是苏格拉底"点燃火焰"的问对法，无不诠释了"提问"之于教学的重要价值和意义。当然，提问也需要注意方式方法，用得不好不但无法启迪学生思维，还容易让互动"冷场"，让直播教室"沉默"，让教师"尴尬"。

1) 细化问题的答案选项

一个最直接的建议是：不要直接问开放性的问题，而是把题目改造成有限个选项的封闭式问题。这样最大的好处在于降低了学生作答的难度，能一定程度消除学生作答的顾虑，提升回答的积极性。另外，封闭式问题的答案相对信息量少，表述简洁，学生更容易作答，有利于提高学生的参与度。

例如，将开放性问题"新时期的国际政治有哪些新趋势？"变成下面的多选题：A. 全球化进程的加快；B. 信息技术为中心的新技术革命的到来；C. 主权作为核心范畴受到深刻持续的冲击；D. 国际制度网络不断强化与扩散；E. 大国不再有往昔的风光。这样就更容易得到学生的回答反馈。

2) 要求学生在直播软件的聊天区输入数字选择答案

这个方法的好处是不需要切换软件，输入也比较简单，而且其他同学的输入会立刻体现在直播软件中，课堂参与度提升会激发课堂的活力。缺点是容易导致从众行为，为了克服这一弊端，教师可以事先注意做到几点：① 设计没有正确答案的题目；② 如果计分，强调只看参与度不看正确与否；③ 干扰选项尽量有迷惑性，可以从以前作业、考试中的常见错误答案中挖掘。

3）使用直播平台之外的实时反馈系统

实时反馈系统软件通常具有两个主要的优点：一是反馈实时性较好；二是学生互动学习数据能够存档，便于课后纳入课程评分及学习数据归档。这种策略的缺点是学生需要在直播工具和实时反馈工具之间切换，对于使用一部手机接入的学生而言，可能会有困难。另外，如果每门课的教师都使用各不相同的工具软件，学生会觉得很烦琐。

(3) 结合线下任务活跃课堂互动的小技巧

除了增强课堂上的互动，教师还可以布置各种线下学习任务，一方面用来把握学情，另一方面可以通过分析和使用这些素材，更好地活跃线上授课的氛围。

1）课后提交用思维导图做的听课笔记

记笔记也是教学中具有充分"正当性"的一种学习活动，教师可以事先要求学生用思维导图做笔记，在课后通过学习管理系统的作业功能提交。思维导图笔记的好处是：① 引导学生对知识点进行逻辑化的重新整合，在整合过程中进行吸收；② 经过提炼、整合、绘制的过程，可以加强理解和记忆；③ 培养学生信息整理、速记的能力和习惯。如果不用学习管理系统，微信（QQ）群也同样可以胜任。

2）网上论坛打卡

打卡是一种时髦而富有趣味性的创意签到形式，可以实现签到的功能，也可以让学生完成一定的学习任务。使用论坛打卡可以：① 以主题帖的形式更清晰地布置打卡要求；② 论坛的组织方式使师生浏览其他同学的打卡内容更为有序方便；③ 打卡与平时成绩的挂钩自动完成。论坛打卡的方式也可以多种多样，下面给出一些参考。

★ **自我介绍**：刚开课的时候可以设一个报到贴，要求学生上传一张自己的照片，写点个人简介或者谈谈对本课程的期望，还可以转化为陌生同学互相认识的破冰活动。

★ **文字回应**：让学生以文字形式跟帖回应教师出的"题目"，内容最好和课堂学习内容相关，如果还带点娱乐性则更佳。比如，让学生每次课前说说今天的心情，写点对今天授课内容的理解，头脑风暴某个现象的成因、某个问题的解决方案，甚至猜猜今天教师会做几次互动等。

★ **快照自拍**：让学生自拍符合教师指定要求的照片并跟帖上传，可以是寻找与今天教学内容相关的物品合影（如讲液压系统，就让学生找小区里用到液压的装置与之合影），也可以是摆出某种造型自拍，甚至是与当前直播屏幕的合影。

★ **苦学证据**：可以要求学生上传自己正在努力学习的证据（照片），如写着密密麻麻计算过程的作业本、阅读文献做的读书笔记等。

就像"讲授"只是教学的手段而不是目的一样，"互动"也只是手段而非目的，教师在直播中要掌握好两者的尺度，把握"讲"与"习"、"教"与"学"、"课内"与"课外"的平衡。

第 4 节　课堂的回顾与总结

第 51 问：课堂结束时如何进行总结提高？

课堂的结束和课堂的导入一样重要，结束语必须好好准备。最后说的东西往往是学生最容易记住的，这是重复重点内容的好机会。如果在课堂即将结束时用充足的时间进行扼要的总结提高，会让课堂有一个干脆有力的结尾。如果时间不充足，最好省略准备讲的一些例子或轶事，扼要重复这堂课的重点。注意，在课堂快要结束时，不要在讲完每个知识点之后，依然阐述新的内容，学生在课堂结束的预期下，无法集中注意力学习新内容。下面介绍课堂总结提高的几种方式。

（1）概括重复所讲的重点。

（2）回到教学大纲，指出教学的进度（教学现在进行到哪了），帮助学生理解刚才讲了些什么，以后还要讲些什么。告诉学生接下来的课要讲些什么（如："今天我们讨论了心理学的传统视角，下一次我们将把注意力集中在心理学的现代视角。"），帮助他们将各堂课学习的概念联系起来。

（3）让一位学生来总结学习中的关键概念，让学生用自己的话对这堂课的内容做一个概括或回顾。

（4）留下悬念，如提出一个这堂课未能解决或难以处理的问题，让学生在下堂课讨论，这个问题将留在学生的脑海中，有助于他们运用讲课中提到的概念。

（5）讲授结束的最后几分钟让学生巩固所学的内容，让他们回顾一下自己记的笔记是一个好方法。

（6）提醒学生下堂课之前必须完成的阅读和作业。简要说说这些阅读和作业与学习内容之间的关系。

（7）给学生提出尚存的问题的机会。

（8）避免临近下课的混乱局面。教师普遍会面临一个令人烦恼的现象：临近下课时，一些学生已经开始收拾书包、说话或者在离下课还有几分钟时就站起来准备离开教室，这明显会分散其他学生和授课教师的注意力。对这个问题，一种处理方法是在课堂开始时便向学生阐明，这类行为是不受欢迎的。例如，教师在刚上课时便向学生传达如下期望："我向你们承诺，铃声一响我就会下课，但是你们必须向我承诺，还未宣布下课时，不许准备离开教室而扰乱课堂。"

第 5 节　帮助问题学生

第 52 问：如何识别问题学生？

问题学生有两种：一种是学生确实学得艰难；另一种则是心理上的问题，这种学生认为老师和同学都怀疑自己的能力。了解学生面临的困难，并建立学生可以非常舒服地接受帮助的环境。在这样的环境里，学生不用隐讳自己由于种种原因而形成的不良学习习惯。

当你发现以下迹象时，学生有可能就是问题学生：（1）上课睡觉；（2）有扰乱行为；（3）退缩或回避；（4）说不适宜的幽默；（5）作弊；（6）面对学习任务和成绩有挫折感；（7）逃课（特别是长期逃课）；（8）显著的成绩下滑；（9）挑衅同伴；（10）测试成绩差；（11）上课时戴墨镜；（12）孤立于同伴。

第53问：如何帮助问题学生？

（1）经常给学生提供解释、反馈以及必要的协助。

（2）不少学生可能都会经历这样的心路历程：他们认为自己考入某个专业或选修某门课程是一个错误。这时，给所有学生一个认同是十分重要的，你要用自己的方式告诉他们，他们每个人都属于这里。

（3）对成绩差的学生，可以给他们提供一些额外的学习材料或者让他们多与老师见面。除非真的有必要，不要轻易劝说这些学生放弃这门课程。可以让那些学生向你寻求帮助，见面的时候，找出他们认为自己学习困难的原因。但记住你的首要任务是帮助学生学习，不需要为了有助于教学而去解决学生其他所有的问题。

语言学教授约翰·瑞克福德（John Rickford）认为"自信"对于学生的学术成功非常重要。教师要注意不要让自己对学生的假设增加学生的自我怀疑。他指出，院系不仅要给学生设定标准，也要提供条件去支持学生达到这些标准。举例来说，教师可以鼓励学生写一篇论文，然后指导他们去修订这篇论文。也可以让本科生参与到教师的研究中，对于那些还没有对学校产生归属感的学生，这是一个积极有效的方法。另外，教师在批评学生的时候应当更多地强调积极的一面，避免苛刻的批评，学生往往是非常相信老师对他们能力的判断的，这就是为什么一个简单的肯定就会激发起学生学习的欲望。

本章小结

※ 好的开始是成功的一半，课堂导入对于教学成功与否至关重要。本章首先介绍课程如何导入，即教学第一天如何开始，然后介绍了一堂课可以如何导入。

※ 学生的课堂参与越多，他们的学习效果越好，教学质量越高。教师可以使用提问、反馈、促进学生提问与互相交谈、应对不参与者和说话过多者等方面的策略来促进学生的参与。本章提供的技巧在所有的课堂教学中都用得到。

※ 教师可能常常对自己的教学步调不确定，本章介绍了一些方法，教师可以通过这些方法来了解自己的教学步调是否合适。教师还可以根据课程设计、课堂任务等方面的情况来调整教学步调，有些问题教师在课前就可以考虑好，而另外一些则需要教师在课堂上分出一些精力去关注学生的反应。

※ 课堂的结束和课堂的导入一样重要。教师可以采用多种方式来结束一堂课，本章提供的技巧相信也能用在你的课堂上。此外，教师普遍会面临临近下课时的混乱局面，处理方法是，在课堂开始时便向学生阐明，这类行为是不受欢迎的。

※ 每个班级可能都会有问题学生，正确认识他们并给予帮助也是教学的任务之一。

第4章
课堂教学技巧

第 1 节 讲授课教学法

第 54 问：讲授课有什么优势与劣势？

讲授课的优势大致如下。

（1）传统的讲授课是信息交流的有效方式，讲授课是大班教学最为经济的一种授课方式。当有适当的设备支持时，一个有经验的授课者可以与几百人（甚至几千人）进行有效的交流。

（2）讲授课便于展示大量的信息，涵盖大量的材料。当教学任务是传递信息，或者组织整合材料去满足特定听众的兴趣时，讲授课会是一个很有效的选择。

（3）讲授课能够让教师将注意力集中于那些最为重要的问题，它也可以以独特的视角来关注问题，用特殊的方式去阐述问题。讲授课能够让教师在教授的内容上留下教师自己独特的学术印记。

（4）讲授课可以让教师很好地表达对学科的内在兴趣，就像一个生动的戏剧，讲授课可以承载讲授者的兴趣，这是书本或者其他媒体做不到的。讲授者的这种兴趣可以激发受众的兴趣，促使他们愿意去学习。

（5）讲授课可以包含其他方式无法包含的材料，包括原始研究和最近的研究发展。这些内容不能在书本中看到，只能在报告和文章中看到。

（6）讲授课可以以独特的方式组织材料，可以使用快速、简单的方法来呈现资料，满足听众需求和兴趣。

(7) 讲授课可以包含大量的信息，常常被用来讲授事实和一般性的法则。对于有些材料，如果教师不讲，学生很可能没有足够的动力或者因为缺少必要的阅读能力而不去学习。

(8) 教师能够展现出在某个特定的学科里，专家是如何研究问题的，并提供研究行为模型。当教师像该领域的学科专家那样"思考"时，听众可以直接观察到思维的方式和过程。

(9) 讲授课给了教师最大限度的控制权。从教师的角度来看，这是一个优势。

(10) 讲授课给学生带来最低程度的威胁，不会要求学生做任何事情。从学生的角度来讲，这也许是件好事。

(11) 讲授课强调靠听来学习。对于善于听讲的学生，这是一个很好的方法，而且随着学生看电视的现象越来越普遍，他们可能在听方面的接受能力更强。

讲授课的劣势大致如下。

(1) 学生被当作知识的被动接受者，而不是学习过程的积极参与者。学生很容易走神，一般注意力只能集中15～25分钟。

(2) 不得不假设所有的学生以同样的速度学习，并且能够达到同样层次的理解。

(3) 讲授课的老师往往不能对学生的学习给予及时的反馈和强化。

(4) 讲授课不适合于讲授复杂的、抽象的知识。与其他授课方式相比，这种传统的授课形式在激发批判性思维和解决高阶问题上效果不好。当涉及信息的应用、转化、综合或者整合时，讲授课的有效性并不是最理想的。

(5) 学生很容易忘记讲授课中的信息。当然，这也取决于学生的主动参与程度。学生越是积极，学习就越有效果，记住的也会越多越久。

（6）讲授课需要有效的讲授者。讲授声音必须足够大，而且需要不时转换音调、语气和速度。讲授课必须很流畅。这些技巧不可能从学历中获得。

（7）对于擅长以阅读、实践等方式来学习的学生而言，讲授课这种靠听力来学习的方式不合适。

第55问：好的讲授课有哪些特征？

（1）好的讲授课应当像一次很好的谈话一样，邀请学生理性地、富有想象力地思考某个重要问题，而不仅仅是阐述一个事件。一堂好的讲授课应该能够提供某种观点或者是进入某个领域的切入口，而不是描述一个复杂的学术争论或者堆砌大量数据。讲课的目标是阐明一个主题，而不是用一些细节来迷惑学生，增加他们的信息负担。教师可以尝试用一种放松的语气，用自己准备的材料来说明观点。一个成功的授课者同时应该也是一个优秀的讲故事的人。

（2）好的讲授课需要带有戏剧化的特征，以提高学生的兴趣，促使学习者愿意去学习。要增加课堂的表现力，需要用热情的、富有激情的和直接的交流方式。因此，讲授者其实囊括了作为演员、作家、导演、喜剧明星等诸多角色的素质。所有这些技能的目的都是为了引起学习者的兴趣。

（3）好的讲授课能够整合大量学生不能获得的信息资源，将其传授给不同听众。

（4）好的讲授课或讲授者必须能够集中在最重要的问题上，或者是提供一些独特的观点，或者使用一种特殊的方法来说明观点。

好的讲授课需要讲授者能够用自己的方式表达自己独特的研究。

第 56 问：可以通过哪些步骤来准备讲授课？

开设讲授课之前，可以尝试与课程委员会或者院系领导联系，明确他们究竟想让你教授什么。也可以与在你之前讲课的教师沟通，特别是你要讲授的内容涉及他们曾教授过的内容时。不要假设学生（即使他们已经上过相关课程）已经掌握了你所讲课程的重要信息。只有对自己能够对课程做出多大贡献进行现实的评估之后，你才能对课程进行正确的计划和准备。

1. 写下教学目标与内容

围绕讲授的核心目标，简略地记录下你脑海中的观点、理论以及案例。做这一步的时候，不用考虑最后在课堂上呈现的顺序。

把课程的主题写在最中间，把主要观点如图 4-1 所示写下来。当主要观点确定以后，进一步的观点可以按照树状图罗列出来，直到穷尽所有的想法为止。在这一阶段，你会发现需要围绕这些观点进一步阅读一些材料，提炼这些想法并且反映最新的研究。

在这一过程中，你可能还会想到许多证明主要观点的例子，把这些也写下来。另外，还要准备一些幻灯片和视听材料。在此备课过程中，也可以搜集一些合适的笑话和卡通。

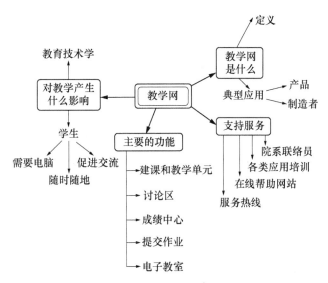

图 4-1 教学内容思维图示例

2. 整理讲授内容的结构

之后，你对教学内容所列出的粗略计划必须按照逻辑顺序转化为一个线性结构（见表 4-1）。

表 4-1 讲授课教学计划一般结构示例

• 介绍和概要
  ◆ 描述讲授课的目标
  ◆ 概述将要涉及的领域

• 第一个要点
  ◆ 观点的展开
  ◆ 案例的使用
  ◆ 复述第一个要点

续表
• 第二个要点 　◆ 观点的展开 　◆ 案例的使用 　◆ 复述第一和第二个要点
• 第三个要点 　◆ 观点的展开 　◆ 案例的使用 　◆ 复述第一、第二和第三个要点
• 总结和结论

以上只是一个经典的、以内容为导向的讲授课计划。你也许会希望设计一个以问题为导向的计划，这需要进行更多思考，如果能够成功设计出来，将非常有价值。这些准备工作是为了让学生能够通过讲授课更好地掌握主要观点和主要原则，而不是仅仅获得一些事实性信息。

如果准备时间有限，可以将注意力集中于以下几点：

（1）制作一个课程介绍，给学生清晰、动人的教学日程；

（2）制作一个包含主要观点、案例或者证明材料的教学大纲；

（3）准备一个简短的总结，能够将发散的讲授内容再聚合起来，使讲授课能放在有关此类课程的大背景中进行讲授；

（4）如果计划要使用技术帮助，那么准备好遇到技术性困难时的技术支援，比如学校的教育技术支持部门的咨询电话；

（5）确保讲课需要的材料已经组织好，并且可以顺利使用。

第57问：讲授课的导入方法有哪些？

讲授课导入最简单的方法是解释讲授的目的和说明讲授是如何组织的，即明确告诉学生将要研究的主题，在这堂课中他们有可能获得什么。在黑板上或幻灯片上呈现讲授的大纲是一个好的途径。这种可视化的材料会分散学生对教师的注意，让教师能时时提醒自己要讲的东西，使其心情平静下来。呈现讲授大纲还能够使学生对内容结构有清晰的认识。

教师也可以考虑早一点到课堂，在开始讲授之前与学生交谈，平和地向学生提出一些相关的问题，了解他们此前的知识水平。必须正视学生的知识现状，根据情况调整自己的授课。

讲授开始时，可以参考以下方法吸引学生的注意力。

（1）提出一个问题，让学生在听课的过程中回答，例如："北京大学如何在历次学生爱国运动中取得领导角色？这是我们这堂课将要回答的问题。"

（2）将讲授的主题与常识及日常生活经验、社会现实相联系，例如："今天讲的是宏观经济学中的一个名词——生活费用指数，这个名词能够帮你理解最近关于通货膨胀的讨论。"

（3）将讲授的内容与上堂课的内容相联系，例如："上周我们主要关注舞台剧的历史，今天我们将学习电影的历史，下周我们将对这两者进行比较。"

（4）告诉学生讲授内容的用途，例如："今天，我将提供有关……在其他一些不同的情境中的应用模式。"

（5）讲述一个能作为例证的人物、轶事或相关的有趣的故事或笑话。

(6) 介绍讲授的概况。

(7) 给演讲起一个有趣的题目。

(8) 通过教具（黑板、讲义、剪报等）或肢体语言阐释问题。

(9) 展示一系列相互矛盾的事实。

第 58 问：一堂讲授课需要用到哪些教学技巧？

好的讲授课需要讲授者事先进行长时间的准备和思考。下面将介绍一些讲授课的基本技巧，教师可以根据课堂及个人的特点选用和发挥。这里有许多重要的、有用的技术可以用来改善讲授课的质量，激发学生主动参与。

除了这里提到的技巧，第 3 章提到的课堂导入、运用策略促进学生参与、调整教学步调、课堂的回顾与总结等方面的教学技巧也都可以用在讲授课中。

1. 准备

(1) 明确讲课的目标，包括学生应该学习什么以及为什么它们是重要的。

(2) 准备好讲课大纲和其他的视听教材。

(3) 如果过于紧张，就写下要点，然后演练一下。

(4) 注意讲课重点。

(5) 简化讲授课的要点，使一堂课不超过 5 个要点。

(6) 使用有效的视听材料，或通过类比、说明和举例来强调重点内容。

(7) 和学生分享讲授大纲。

(8) 在开始的时候强调研究对象和重点，结束的时候再次总结一下。

2. 鼓励听众

(1) 开始的时候注意多使用戏剧性的画面或者其他与主题有关的手段吸引学生注意力。

(2) 综合视觉手段、多媒体、课堂讨论、行动教学、小组教学以及同伴互相学习等各种学习策略。

(3) 联系学生先前的知识和经验讲授新的知识。

(4) 对主题和信息表现出激情。

(5) 给学生时间思考，给他们提出自己想法的机会。

(6) 为不同的学生设计多种参与教学的方法，如实际的动手和模仿等方法。

3. 取得反馈

(1) 注意学生的非语言交流，如笔记、对问题的反应、对幽默的反应、眼神交流、坐姿等，以此来检验他们是否注意。

(2) 使用简短的问题或者其他的评估方法。让学生对问题做1~2句话的回答，例如：今天课程中最重要的是哪些内容？你感到迷惑的是什么？这些会花掉一些时间，但可以更多地了解学生。

(3) 时不时在讲授课上针对讲授内容进行小测验，看学生是否真的明白了。

(4) 做期中教学评价，或者简单询问一下学生对授课的建议和意见。

第59问：如何让自己的注意力不仅仅停留在"讲"上？

（1）避免逐字逐句地朗读内容，如果确实需要不时地看一下讲义，也要同时注意与学生的眼神交流。

（2）利用眼神的交流讲述重点时，要一对一地注视学生，不要只是漫无目的地环视教室。对于学生而言，5秒钟的眼神交流最合适。

（3）讲课的时候要说清楚，不要太快。如果学生忙于记笔记就说明你要减慢速度了。

（4）尽可能地面对学生，而不是黑板、白板或其他地方。

（5）如果忘记了要讲的内容，停下来想想而不是漫无目的地乱说。学生同样也需要这样一个停顿去理解他们的笔记和之前所讲的内容。

如果对自己的讲课没有把握，可以提前让一个朋友坐在教室的最后一排听一下，保证最后一排的人能清楚地听到你所说的内容。当真正讲课的时候，因为人多，需要用更大的声音。也可以尝试将讲课进行录音，听听自己的声音。

第60问：讲课中如何把握教学内容呈现的效率？

（1）一堂课最好不要超过3~5个要点。如果超过了5个要点，最好将一部分的内容挪到下堂课。

（2）先告诉学生要讲什么，然后再讲授，最后总结已经告诉了他们什么。好的讲授课在开始的时候，一般会呈现这节课的大致内容，或者提出这节课会解决的一些问题，之后通过许多案例和讨论来具体阐述这个问题，最后通过回顾主要观点来结束课程。

（3）尝试使用一些有意思的案例和证据重复和强调你认为重要的地方。

（4）大多数学生只能一次集中注意力5～10分钟。可以利用这段时间简要地陈述核心概念，然后用一个小的总结让学生听明白。

（5）使每个小的总结可以引出接下来要讲的部分。小结后可进行结构化的讨论或问答，也可以在不同知识模块间做适当的停顿。研究发现，在授课要点之间停顿默想2分钟可以提高学生对知识的习得能力。

（6）把讲授分成小段进行，通过学生参与以及在讲授课中使用多媒体来引起学生的注意。每过10分钟就互动一次能够有很好的效果。

（7）注意学生的反应。如果学生出现迷惑的表情，说明需要用更容易理解的方式来表述刚才的观点，例如，给出具体的例子，要求学生回答问题。如果学生在疯狂地记笔记，说明需要放慢速度，对刚讲过的要点再总结一下。

（8）需要留出时间让学生思考。讲完一个复杂的知识点时需要停顿，尽量使讲授简单化，一次只就一个新的知识点展开，直到学生深入了解为止。

（9）要注意不要说得太多。可以把大部分的时间放在举例、比喻以及提问等方面。

第61问：如何保持讲授的连贯性和清晰性？

连贯性的目的在于找出重点，指出课程是如何一步一步从开始到结尾的。另外需要指出课程的潜在结构，通过不同的讲授课建立整个课程内容之间的连贯性。

(1) 开始一堂讲授课的时候,要指出其与之前课程内容的紧密关系。

(2) 把讲授与教科书联系在一起。让学生明白课程与教科书之间的关系,哪怕两者实际上关系并不紧密。使用论证、案例、趣闻以及多媒体方式,让教科书死板的内容活起来,可以扩展所讨论的内容范围,也可以将注意力集中在一个重要问题上;可以强调教科书的观点,也可以提出其他不同的观点。

(3) 将所讲课程与作业相联系,以保证学生真正了解他们需要掌握的信息。同时让他们明白课堂内容与作业之间的关系,通过作业让学生能够有机会应用刚刚学过的知识。

(4) 以下次讲课将论述到的问题或者要提到的主题作为一节课的结束总结。

(5) 寻找课程与其他领域、其他课程以及与现实问题之间的关联。

第62问:可以从哪些方面考虑将课程内容与现实问题相联系?

(1) 所讲授的内容能否解释学生们想了解的现象?

(2) 所讲授的内容能否用来解释一个历史的或者当代的问题?

(3) 所讲授的内容能否用来解释一个现在无法解决的问题?

(4) 所讲授的内容是否与学生对这个世界运作规律的理解相矛盾?

(5) 学生能否用所学的内容去解释他们日常的经验或者文化现象?

(6) 所讲授的内容是否有一个很好的例子,学生可以用新的方式对它进行思考?

(7) 是否有一个有趣的故事来描述一个想法是如何被发现、展示或者被挑战的?

第63问：讲授过程中如何提升学生的学习兴趣与动机？

（1）不要只是讲授，还要多问问题。

（2）使用多种方法和资料，如黑板、图标、表格、图片、书籍、杂志等。

（3）使用电影、录音或者电视等媒介。

（4）不要将知道的所有内容都灌输给学生，要选择重点，使用各种各样的信息和形式。记住一点，兴趣往往来自意犹未尽。

（5）说明你为什么对此感兴趣、做了些什么以及以后打算做些什么。

（6）讲授时富有激情，让学生感受到你信仰你所教授的东西。

以下是一些教师激发和维持学生学习动机的成功教学经验。

（1）哲学系莫教授计划一个讲授课时，她首先定义需要学生明白的重要概念。通常在每节课只设计4~5个知识点。她首先采用图标、引用、词语等传统的方式来解释概念。5~10分钟之后她会提出一个简短的问题，只有当学生真正明白了概念，他们才有可能解决这个问题。作为讲课过程的一个部分，她让学生组对，向对方说明他们各自的答案。她经常要等到几乎所有的学生明白了主要概念之后才进行下一步。她发现让学生解释和辩护自己的答案能够促进他们的理解，而且有利于她得到反馈以控制课程的节奏。

（2）生物系陈教授特别努力地鼓励学生在讲授课中积极参与。举例来说，当她感觉到学生兴趣下降后，她会让学生与他们的同桌讨论刚刚讲过的概念。她发现主动的参与和立即的知识回顾有利于学生的学习。

(3)化学系张教授利用讲授课鼓励和刺激学生,而不仅仅是灌输知识和信息。他的策略之一是利用生动的、简单的演示去激发学生的好奇,挑战他们的预期。举例来说,他将水和玉米粉按照一定比例融合,通过这种演示来挑战学生以前对于什么是液体什么是固体的理解。

(4)历史系葛教授强调拥有自己观点的重要性。一个关于"13世纪英国羊毛交易"的话题也可以吸引学生的注意力,但你必须拥有关于这个问题的独特的想象和观点。可以与学生一起分享话题的重要性,同时在讲授开始的时候就表现出自己的激情。

(5)教计算机语言的汪教授在设计课程的时候,应用了关于学生学习的知识。他指出,首先要用一个简明的形式说明一个复杂的意思,剥离掉这个意思成立的具体要求和条件。当学生明白了大致意思后,就有可能去理解所有的细节和内容。

(6)历史系王教授发现当她的授课组织形式轻松下来以后,学生能够更多地参与进来。她的目标是形成一个讲课和讨论结合的授课模式,这样就赋予学生更多的责任去提出和回答问题。

(7)历史系杜教授指出,讲授课最后的结论必须是有力的、容易记忆的、具体的。他同时也指出需要提前准备,以便能够在讲述的过程中扩展和巩固材料。

(8)教本科生的白教授强调准备工作对一个成功的讲授课的重要性。他估计自己对一堂课的第一次准备需要6~10个小时,而且他的每次讲课都注重对不同学生的针对性。举例来说,如果他认为大多数学生来上课仅仅是为了应付学分要求,就会想尽办法去激起学生的兴趣和热情。

(9)在每一次课堂见面之前,教当代文学的郝老师都要求学生总结已经讲过的要点,之后他将这种要点和新的一堂课内容联系起来。这种方法可以帮助学生更好地理解新、旧内容之间的关系,以此来巩固所学的知识。

第64问:可以利用哪些教学活动来丰富讲授课?

单调的文字报告不会很有效果,并且无法保持学生的注意。需要综合使用一些技术性的手段。课堂中学生的学习和注意力水平会渐渐下降。最多20分钟之后,就应当有一小段休息,或者在教学技术方面做出改变,可以通过提问、测试、安排讨论、应用视听教学手段等来提高学生的注意力。

1. 组织阅读和问答活动

这种学习方法可以采取小组讨论的形式将学生的单独学习组织起来。学生按照教师的要求,带着课本或者教师发放的复印材料(也许是一篇文章、一个总结、一个问题、一些图表或者方程式)到课堂。进行阅读和问答活动时,先给学生5～10分钟的时间思考。单独学习结束后,让他们与身边的人进行讨论。通过这种方式对比他们的答案,提出问题,得出结论。之后学生会需要来自小组外的反馈。可以针对小组的大小,让部分或所有学生做报告,或者让学生把观点写在一些小卡片上,下课后将这些卡片收集上来,作为下节课上课的基础。

这类活动一定要做到以下几点:第一,严格控制所用时间,严格遵守教学计划(除非有很好的理由要发生改变);第二,应当清楚地标明你的指示(包括安排的任务和可用的时间),写在发放的材料里或者写在黑板上，让学生在练习过程中可以随时参考。

2. 利用"头脑风暴"活动

在课程最开始的时候，这个活动会很有效，它可以激起学生对研究主题的兴趣。向学生提出一个问题，然后让他们尽可能地提出自己的想法和解决方法。所有观点都要不带批判地全盘接受，将它们写在黑板上。这个方法有助于边缘的、有分歧的声音产生。

这种方法一直得到广泛的使用。课堂上，教师要求学生给出他们对于问题的建议。之后，这些建议被分类，用于更进一步的讨论。在这一氛围下，学生成为讨论观点的提出者。有关"头脑风暴"法的具体程序请参考本章第 78 问。

3. 使用提问促进学生积极参与

促进学习的最好方法之一就是想方设法让学生与他们的同伴以及教师发生互动，提问是其中最简单的方法。许多教师会在报告结束后向学生提出一些问题，但是大多数时候对学生的反应都很失望。另一些教师则在授课过程中向学生提出问题，这样有助于提高学生的注意力。然而，授课中提问要非常小心，否则学生会处于非常恐惧的状态。你可以采用多项选择题的形式来准备问题，把问题通过幻灯片打出来，让学生对正确答案举手，以此来检查他们是否理解了授课内容。之后，你要向学生解释为什么某个答案是正确的，其他答案是不正确的。

> 某学生描述自己每次上化学课都非常害怕，而且如此害怕的不止他一个人，整个班级都沉浸在一种恐怖的氛围中。因为这门课的教师长了一对大眼，而且特别喜欢突然袭击式的提问。他在每个出其不意的瞬间抛出问题，然后一路急冲下讲台，同时眼睛扫描周围的学生，手指不断变换方位，口中不停地说"你、你、你、你……来回答问题"。他一路经过的学生在经过一阵心脏狂跳之后，根本无心听最后被他点中的学生回答问题。

4. 做示范

一些教师认为他们的课程就是在"示范如何做学问"。这种讲授课的特征是理性地论证一些事物，展示问题的提出和回答过程，在课上提出一个观点或者批判一个观点都是很好的形式。但这个方法可能会因为涉及复杂的过程和内容而让学生觉得混乱，使用时必须经过精心设计。

另外一种形式的示范就是"过程示范"。这种方法时常会涉及一些材料或者仪器，学生必须能够很清楚地看到示范过程。在班级规模大的讲授课上，基本上不太可能做到让每个学生都看清楚。这时可以借助视频，或者在示范的过程中安放一个相机，或者使用准备好的录像，让学生能够看到画面。

5. 适当使用发放材料

有的材料是学生了解课程结构的向导，课程最开始的时候就要发给学生。如果想通过发放材料，让学生了解课本上没有详细论述的内容，或者是在课堂上没有提到的细节，就要在课程结束的时候把材料发给学生。发放的材料也可以用来指导进一步的研究或者指导学生进一步的阅读。无论何时，都要注意，尽量结合课堂教学使用这些发放的材料，降低它们被学生遗忘或者成为学生草稿纸的可能。

6. 促使学生记笔记来加强学习

研究证明，记笔记是让学生参与课程的好方法。记笔记的过程是一个将内容转变为长期记忆的过程，特别是如果学生能够在课后简短地阅读一下他们的笔记，就能大大增强记忆的效果。教师可以通过给复杂的内容提供一个结构来促进学生记笔记。思维导图、图表和其他直观的报告方式会比枯燥无味的宣讲更有效。

7. 其他一些小技巧

（1）描述你做出一个判断的思考过程。

（2）装傻，让学生自己去发现问题。

（3）故意给出错误答案，观察学生是否只是重复这个答案，抑或是对此保持警惕。

（4）用比较的方式来组织和呈现信息与数据。

（5）传授记忆的方法和诀窍。

（6）测验，让有问题的学生反思并解释原因。

（7）用不同的方法重复同样的知识。

（8）通过学生的发现，帮助他们建立自信。

（9）帮助学生指出不合理的地方，诊断他们所犯的错误。

第 2 节　实验课教学法

实践和实验课教学的重要性随课程任务的不同而不同，如果课程是给本系学生开设的（如给化学系的学生上化学课），重点就要放在本学科的基础性知识上，如果课程是对与本专业相关的其他院系学生开放的（如给工程系的学生上化学课），任务则是传授给他们与其专业相关的内容。对教师而言，后者往往会更困难。

第 65 问：实验课教学在达到哪些独特的教学目标上有优势？

实践教学或实验教学有多种教学目标，大致可以分为三个方面：理解相关学科的基本事实、概念、原理和规律，了解并关注这些知识在生产、生活和社会发展中的应用；培养科学实验操作的基本技能，形成一定的科学探究和实践能力；养成科学思维的习惯。具体说来，有两个目标在这种教学环境中能够最好地达到：学习实践技巧和技术；了解科学研究的过程，学习科学探究的方法。

在实验室，可以有效组织学习，学生可以在此观察或实践大量的技术技能。为了有效达到学习实践技巧和技术的目标，在实验室教学中，清楚地定义基础的技能技巧非常重要，如"课程的最后，学生应该能够组装和操作某某仪器"，这样学生才能够明确地知道他们应该掌握什么内容。

对于自然科学教学来说，了解科学研究的过程是一个非常基础的部分，而实验课教学是最有价值的机会，可以让学生了解这一过程。

但这一目标并不容易达到，了解科学研究过程、掌握科学研究方法涉及思维方式的建立，需要系统而细致的实验教学计划和恰当的教学策略。要达到这一教学目标，教师需要向学生说明，学科中的科学探究过程是什么样的，帮助学生建立整体认识；同时，教师还要了解什么样的活动能够使学生提高必要的洞察力和技巧，以及科学探究过程中的分析判断与推理等能力。教师必须通过系统而有层次的实验教学计划来实现教学目的。

第 66 问：实验课的教学准备要考虑哪些重要问题？

准备实验室课程，需要明确一些重要的问题：(1) 给学生安排什么样的实验？(2) 怎样才能很好地结合理论和相关实验？(3) 怎样平衡和组织实验中的独立学习与合作学习？(4) 需要什么实验器材？

给学生安排什么样的实验，既需要思考课程的内容，也要对学生的情况有清楚的定位。我国中小学的实验教学比较薄弱，学生的实验技能很多都是进入大学之后才开始培养起来的，因此结合学生的基础才能使课程进展得更顺利。

在做课程计划时，将理论教学和实验课结合起来考虑非常重要。理论需要与实践紧密结合，如果理论教学和与此理论相关的实验课时间间隔过长，实验教学效果可能会大大降低。实验课教学需要与一般的课堂教学紧密结合，尽量不要对它们进行人为的区分，多考虑如何在两者之间搭建桥梁，把实验室课程的某些内容带到一般课堂。

实验教学是发展学生独立思考、独立操作、独立观察、独立分析、独立做报告能力的好机会，同时也为学生提供了动手合作的机会。实验教学通常容易忽视合作、团队精神的培养，如果要对学生加强这方面的训练，教师可以为学生提供分工支架，在实验考核中进行团队评分，或者增加实验的难度、缩短实验任务的时间，促使学生通过合作高效完成实验任务。

一般情况下，教师要为实验选择最合适的设备，并且确保它们正常运行。同时，学生可以通过说明书获得有关设备使用的清楚指导。这些设备既不能太复杂，也不能太简单，以避免特殊的设备或工具分散学生的注意力。设备和所教授的概念越适合，实验就会越有效果。

第67问：不同类型的实验课教学需要注意哪些侧重点？

实验课教学一般可以按照以下程序进行：（1）对相关理论的学习及对文献进行批判性分析；（2）辨认并且抓住条件和问题，进行实验；（3）分析并解释实验数据；（4）进行书面和口头交流，形成实验报告。

根据实验的难度和对学生的要求，可以把实验课分成三种类型：基础验证型实验、设计型实验、综合研究型实验。表4-2列出了这三种课程对学生提出的不同要求，以及教师在教学中需要特别注意的问题。

表4-2 不同实验课类型对学生及教学提出的不同要求

实验类型	学生角色	教学要点
基础验证型实验	按照规定的程序完成实验	◇ 明确练习的目标（如在课程的最后，你将能够做到……） ◇ 在课程之前，确定要给学生提供的阅读材料 ◇ 给学生提供具体的实验过程，对每一个步骤详细罗列、仔细介绍 ◇ 提供所有的实验材料和器材 ◇ 详细指明要观察的内容 ◇ 说明符合评价目标的实验报告应具备什么特征

续表

实验类型	学生角色	教学要点
设计型实验	在给定的实验目的和实验条件下,学生完成实验方案的整体或部分设计并加以实现	◇ 明确练习的对象 ◇ 设计一系列研究问题,让学生在此基础上设计一系列的假设和实验 ◇ 提供相关的背景资料,如提供一些经验性的数据,让学生在没有做过此实验的基础上,分析、解释这些数据 ◇ 提供一些可选择的元素,如解决问题所必需的材料和器材 ◇ 说明符合评价目标的报告特征
综合研究型实验	自行确定实验研究问题,自己设计实验内容和步骤,自己选择和使用仪器设备,自己动手	◇ 与学生见面,在研究对象和研究问题上达成一致 ◇ 拟定工作日程表,规定实验项目的执行日程和每个阶段完成的截止日期 ◇ 安排固定的时间与学生见面,检查进展情况 ◇ 帮助学生准备最后的报告,或者通过批判性讨论的方法做实验报告

以下是实验教学中一些可能用得上的教学技巧。

(1) 为了保证实验一切顺利,在实验之前演练一下全过程,并且检查最后的结果。确保设备运行良好,对学生提出的实验要求要简单明了,并且实验能够得到预想的结果。

(2) 即使做到上一点,可能还是会出现问题。为此,可以建立一本业务日记,记录每次实验教学中出现的设备故障及实验错误、故障排除的方法及实验错误的原因。

(3) 观察学生的实验情况,在实验总结的时候,可以分析有一定创新的学生的做法,分析其优点及可以改进的地方;对于不成功的实验,讨论问题主要出现在哪个环节、应如何处理等。

（4）对复杂的实验仪器设备和实验内容，学生往往难以看一遍就理解，因此可以制作多媒体课件，反复演示实验过程。对于科技含量高、资金投入大、操作难度和危险性较大的先进应用技术，可以引进计算机与网络辅助的数字化实验、仿真实验、虚拟实验、远程实验等，为学生提供另外的实验模式。

（5）结合实验数据的分析、实验报告的写作，深化学生对科学探究方法的认识，不要让学生仅仅停留在获得动手的经验上。

第 3 节 讨论课教学法

一场好的讨论依赖于所有的参与者，而不仅仅是教师。作为讨论的引导者，教师需要依赖整个小组的准备水平、热情、自愿参与程度。

讨论班是高等教育中最常用的教学方法之一。讨论班一般是少量学生在课堂上演示他们的研究，并接受班级和教师的批判性评论。而讨论作为一种更普遍的技巧，广泛应用于具有问题反思氛围、鼓励学生发展个人观点的课程。要促成讨论和讨论班的成功，需要广泛的语言技巧，包括讲解、倾听、寒暄、回应问题等。

第 68 问：讨论教学法有什么优势？

讨论教学法在高校教学中的应用越来越多，而且也越来越受到师生的欢迎。出现这一现象的原因是，人们发现认知技能和个人素质不容易通过讲授或教科书所鼓励的被动参与得到最大限度的提高。因此，更多的高校教师开始转向以学生为中心的教学方法，如讨论。对这些教学方法的研究表明，讨论不能有效地传递知识，但是能够促进学生和教师许多重要的产出，如交流技能、创新思维等。

对于学生来说，讨论能够影响其态度的改变，提升其敏感性和动机，促使其探讨有价值的问题并且鼓励其发展责任感。讨论还能促进高阶思维技能（整合、总结和创造）、问题解决能力、批判性思维和交流（倾听、询问等）能力的提高。讨论还可以改善师生关系，建立一种不那么权威的教学风格，促进同辈学习，促进跨学科的、比大纲标准更宽泛的学习。

第69问：讨论教学法可能有哪些潜在问题？

讨论教学的困难主要来自两个方面：一是引导讨论，一是对其进行评价。

在引导讨论方面经常存在的问题如下。

（1）以学生为中心时，教师总会感觉不知道谈话时会发生什么，无法对讨论做准备。

（2）一些学生可能不愿讨论他们觉得无趣或超出他们能力的话题。

（3）许多学生不能有效地参与，因为他们还不具备倾听的能力和清晰、有说服力地发表意见的技能。

（4）许多教师倾向于通过权威性的行为来控制讨论，很多人都不知道如何运作一个有效的讨论。

（5）很少有教师反思为什么他们希望学生讨论某个话题。

（6）还有一些问题来源于环境。例如，教室的某些特定条件会阻止有效的讨论，如座椅的摆放。

在评价方面存在的争议如下。

（1）一些教师认为，对讨论的评价带有高度主观性，评价不可能进行。

（2）一些教师认为，对讨论进行评价会增加学生的焦虑，从而阻碍讨论。

（3）教师将一部分精力放在监控和评定讨论内容的质量上，可能会影响教师参与课程讨论以及规范学生的行为。

针对这些问题，一些人认为评价可以聚焦于谈话中表现出来的讨论技能，如倾听、质询等，并采用量化表格进行，记录符合期望的行为的次数。研究表明，对讨论课堂表现进行客观的评价是可能的，也是值得的。

第70问：设定讨论课时需要考虑哪些重要问题？

（1）讨论开始时最重要的是先明确讨论的目标。如是否希望学生应用新学习的技能、思考新的学科问题、学会批判地分析观点、练习综合分析冲突的观点，或者将学习的内容与他们自己的生活关联起来。达到这些目标需要不同的指导技巧。

（2）与学生分享讨论的计划，告诉他们你关注什么，为什么这些内容重要，邀请学生对讨论的话题和形式提出建议。

（3）通过事先发布要讨论的问题表明你的兴趣，并帮助学生准备讨论的重点。可以考虑让学生给你发电子邮件，告诉他们对有关问题的想法，这也能使你在讨论的准备阶段就了解学生的观点。

（4）决定讨论是否要保持高度的方向性，也就是教师自己提出大多数要讨论的问题，以防止讨论离题或失去方向，并避免学生的兴趣和问题来主导讨论。

（5）无论选择哪种讨论形式，请保持前后一致。如果最初的决定是学生对议程负责，那么，当讨论的进展和希望的方向不一致时，教师不要突然把这部分工作接管过来。同样，如果通常由你来决定接下来说些什么，当学生没有采纳你的意见时，也不要惊讶。

（6）确保会在讨论中涉及指定的材料。如果学生还没来得及准备问题的答案时，不要盲目讨论。可以引入指定材料中特定的引证、问题或其他例子，保证即使是没有做准备的学生也有话可说。

（7）在一些情况下，教师需要在课堂讨论之前与学生见面，了解他们对材料的理解，也为自己课上的引导和评论做准备。经验表明，大部分学生通常都对材料有自己的创造性理解，却不知道如何描述这些观点。教师可以为他们提供适当的帮助。

第71问：讨论导入的方法有哪些？

（1）利用经验常识导入讨论。通过报告、电影或角色扮演游戏来介绍实际经验或常识，而这个经验或常识能够说明将要讨论的问题。这个环节之后，教师可以向学生提以下问题："听了（看了）……之后，你的第一反应是什么？""电影制片人是如何描述……的？"

（2）利用问题导入讨论。问一个特殊的问题，这个问题能够使学生在头脑风暴中进行积极的思维活动。例如，一个金融学教师期望学生讨论个人投资问题，可以以下面的问题来导入讨论："你对投资有多少了解？"在提出第一个问题并得到回应后，之后进行的提问将变得很轻松。

（3）利用辩论导入讨论。提出一个有争议的话题让学生选择立场，并让他们为自己的选择提供解释。为了培养学生的批判性思维技能，教师应要求每一方的学生提供若干基于阅读资料和日常生活经验的原因和论据。如果可能的话，可以邀请学生反省对方提出的论据。如果教师能把这些观点相对的论据写在黑板上，对学生的参考会更有益。

（4）把学生分成兴趣小组。将一个班级分成若干个小组，在一段时间里讨论某个案例或某个问题。要求小组提出中肯的假设、原理的应用、证明观点的实例。为了使这种方法更有成效，必须向学生明确任务分配和任务安排时间表。教师应告诉学生，他们在小组讨论之后，将要向全班同学报告讨论的结果。

（5）要求学生做书面回答。提高讨论质量的一个方法是，给学生一些思考的时间，在讨论之前，让学生写下自己的答案（一般来说两或三分钟对于学生准备答案已经足够）。然后让学生和班里的其他同学分享他们的想法。此外，写下答案通常能引发更深入的讨论。

第72问：如何安排问题的难度来引导学生讨论？

有经验的教师会准备多个问题，其中既有易于回答的，也有稍有挑战性的或者高度复杂的问题，准备好这些问题有利于引导讨论的发展。

（1）从学生熟悉的或者感觉舒服的内容开始，这种问题可以利用常识或学科领域的基本数据来回答。

（2）一旦学生热身之后，就向学生提出进一步的问题，要求学生解释一些信息块之间的关系，并形成普遍的概念。

（3）要求学生在新的资料或不同的情境中应用他们学过的概念和原理，通过这样的问题使讨论达到高潮。

例如，假设你们在讨论柏拉图的《理想国》。你可以通过询问如下问题开始讨论：什么是柏拉图的理想国的基本要素？一位好的统治者的特征是什么？为什么柏拉图的理想国要禁止诗歌？在确定学生对材料建立了理解之后，可以开始让学生探索问题之间的关系，例如：柏拉图关于洞穴的比喻如何反映于其作品的其他部分？柏拉图对雅典社会做了什么样的批评？最后，可以向学生提出将材料内容应用于个人和个人生活的问题：柏拉图的理想国是一个有吸引力的地方吗？柏拉图会怎样评价当代中国的大学？

第73问：如何使用提问技巧激发学生思考？

　　选择提出什么问题仅仅是一方面，如何向学生提问，向他们中的哪些人提问，什么时候提问，都能影响学生的思考。保持小组的思想活力需要特别注意以下几方面。

　　（1）决定是向个别人还是整个小组提问。向个人提问有助于放慢课堂节奏，但可能将回答问题的学生置于焦点，减轻其他学生回答问题的压力，减少其他学生回答问题的努力，甚至让一些学生放弃思考。面向整个班级提问可能意味着要长时间地等待一个答案。

　　（2）在做出解答之前，留出充足的时间等待回答、重复问题、重述问题（改变措辞），或者是提供更深入的信息。在提出问题和再次重申问题之间给学生提供充足的时间思考，表明你更关心他们的学习，而不是只关心他们反应的快慢。

　　（3）给学生逐步阐明观点的机会。例如，重申问题并用类比或推论的方法，让学生意识到自己观点的错误或缺陷后，仍然把问题交回给学生处理。使用苏格拉底助产式的提问方法。如果实在不能从学生那里得到有价值的答案，就不要不停地试探，而是要自己回答问题。

　　（4）避免迅速肯定学生的回答。迅速肯定意味着第一个学生立刻说出了正确答案。这阻止了其他学生评价他们的答案，打断了他们思考的过程。

　　（5）避免设计好答案的提问。设计答案的提问将讨论变成了猜谜游戏，使学生试图给出讨论引导者想要的回答，而不是对所学的材料进行批判性思考。以下是两个设计好答案的提问的例子。如果仅提出第一问，去掉后面暗示性的问题，就不会限制学生的思考。① 什么原因让你使用那种方法？是在实验室手册里吗？你在其中看到了示范吗？② 对于梭罗的《瓦尔登湖》你有什么想法？他主张回归自然，反对人类文明？还是主张高扬个性，反对社会束缚？

（6）形象的图表展示有助于学生了解论点的产生线索，并进行纲要式的思考。例如，可以将某个特定的结论或观点写在黑板上，让学生回溯，做一些可能的因果链和逻辑辩护。

（7）学生做出回答之后，让其他学生给出评论，而不是教师自己来评论。这表明教师希望整个小组参与到讨论之中，同时弱化自己的角色影响。

（8）要求学生详细解释他们的答案，而不是立即对不正确的答案进行更正。

第74问：如何通过提问促进讨论的参与度？

教师作为讨论的引导者，除了有责任以适当的方式提出好的问题之外，还有诸如增进学生参与、提高学生参与质量的义务。下面是一些有效开展讨论的建议。

（1）讨论开始时让学生指定讨论的话题，这些话题可以是教科书中的问题、让人感到困惑的问题、有趣的内容或是教材的基本观点。列出学生提出的话题，让学生小组选择他们希望讨论的话题。

（2）如果是你之前指定讨论的问题，那么让学生负责引导讨论某个或某些问题。

（3）如果材料本身适合开放性问题的讨论，在讨论中应鼓励不同的观点，帮助学生从多角度理解，让学生经历一场"头脑风暴"。"头脑风暴"开始的时候列出学生对问题能想起来的每种答案；然后，通过评价、比较、综合这些观点探究出结论。

（4）在做讨论的热身活动时，提出没有唯一正确答案的问题（如：当你想起小说中的主人公时，脑海中浮现的第一个形容词是什么？），并让所有的学生围成一圈互相回答问题。应用这种策略，你能够开展一场所有人参与的讨论。而不是像通常那样，只要求两三名比较顺从的学生回答并解释其答案。

（5）如果讨论组过大，则把讨论组划分成更小的小组，每个小组讨论同样的问题或者是不同的问题。教师可以在小组之间走动，必要时给学生提供指导，并回答学生的问题。在讨论快要结束时，留下 20 分钟，召集整个班级，让各个小组互相做报告。

（6）鼓励学生围坐，使所有人都能够彼此看到。一些学生喜欢藏在其他人的后面，设法使其坐到大家都看得到的地方。在提问之后环顾整个小组，与每一个学生进行眼神交流。

（7）使用手头的材料引发讨论。可以传看调查结果、历史档案、图片等材料，手头的材料比读过但也许已经忘记的东西更容易引发讨论。

（8）课堂开始时给学生 5~10 分钟时间写下与讨论相关的主题，这样做有利于学生整理思绪，尤其是对复杂材料的想法，同时也强调了写作对观点分类的作用。

（9）考虑每周让一名学生记下讨论中涉及的主要观点，并负责下节课将笔记的复印件带给每一个学生。教师和学生应该花几分钟时间复习这些内容，并做必要的修改。这样有助于削弱讨论没有什么收获的感觉。

（10）提出一个两选一的问题，如："对于中华民族复兴，加入 WTO 和承办奥运会哪一个更重要？"将班级按照不同的支持观点分成小组，让不同观点的两方进行辩论，中立的学生可以自由参与辩论。在辩论中，如果学生改变观点，引导他们换到另一组。这种辩论能够鼓励灵活的思维，帮助学生澄清价值立场。如果教师对学生不断走动不适应，可以使用黑板列出双方的对立观点，记录下每个观点的要点。

（11）不管学生的回答是正确的还是错误的，都给出积极的回应，这有助于为学生回答问题创造一个安全的环境，使其能够积极发言并说出新观点。可以通过语言或面部表情来对正确的回答给出肯定；而对不正确的回答给出积极的回应比较困难，如果问的是信息类问题，如"两次世界大战分别是什么时候开始的"，对不正确的答案，需要直接告知这个答案是错误的，但不要对提供答案的人表现出蔑视。

一旦讨论集中于若干问题，教师可能要成为学生讨论的主持人、仲裁人和总结者。一些小组可以没有任何困难地维系讨论，而另一些小组可能需要教师的指导和规范。教师需要了解每个小组的讨论情况。

第75问：哪些做法有助于建立良好的讨论氛围？

创造一个鼓励讨论的氛围，能够显著提高学生参与的数量和质量。

（1）知道并使用学生的名字。另外，确保学生知道彼此的名字。

（2）调整教室里的布局，促进学生的眼神交流。例如，让椅子绕着桌子，或者将椅子摆放成一个圈。教师自己也可以不时变换位置，以打破学生凝视教室前方的习惯。

（3）上讨论课时提前到教室，讨论结束后多待一会，与学生进行非正式的谈话，并回答学生的问题。

(4) 学生提问时，尽量帮助他们自己寻找答案。

(5) 在观点发展的过程中，使用诉诸客观证据的方法，而不是以权威的地位来决断争执。如果争执有关价值标准，可以帮助学生澄清他们的价值，让他们学会尊重彼此的价值观。

(6) 尽可能地自然、放松。在轻松的气氛中，学生更容易对学习产生自发性的需求和动机，并因此而感到兴奋，许多学生会更享受讨论的过程。当然这并不意味着教师要放任课堂，更不是说，教师不需要事先考虑好讨论的内容。

为了确保有效引导讨论，可以参考以下核查清单。

1. 充分准备

(1) 仔细考虑讨论的目标：希望完成什么？想要讨论什么主题？什么被认为是离题的？学生是否具备有关话题的足够知识来进行讨论？

(2) 明确讨论的形式和基本程序。

(3) 准备好讨论要用到的有关材料，鼓励学生对材料进行批判性评价。

(4) 给学生几分钟的时间，进行有关讨论主题的简短练习、三至五人的小型讨论或回顾之前的家庭作业，为学生提供热身的机会，使学生的注意力集中于要讨论的话题。

2. 帮助学生，但不要支配学生

(1) 为学生的参与提供清晰的指南。在讨论之前向学生介绍这些指南，讨论的时候督促学生遵守指南的规则，并在讨论的过程中强化这些规则。

(2) 保持安全、尊重的氛围。

（3）使用开放性问题，让学生来澄清问题，给出案例，下定义。

（4）总结学生的答案，而不是站在某种立场上对学生的论点进行过滤或纠偏。

（5）邀请学生彼此陈述观点，而不是通过教师来转述。

（6）给学生时间反思教师的总结或其他人的评论。

（7）启发并挑战学生，而不是恐吓和威胁学生。不要盯住一位学生太久。公开处理冲突，不要视而不见。倾听学生，向他们学习。

（8）控制话痨，召唤沉默者，但是如果他们还没有准备好发言，就不要坚持。

（9）将要点记在黑板上或者投影胶片上，但是切记，如果要记录，请记下每个人的观点。

（10）讨论结束时，回顾主要观点和讨论的线索，并做出总结。

3. 评价

（1）注意多少学生参与了讨论。

（2）注意谁参加了、谁没有参加，找出没有参加的原因。

（3）检查讨论的风格，是不是充满启发性，讨论者互相尊重。

（4）征求学生对讨论的反馈意见。

第4节　小组教学法

小组教学是一种极为有益的教学方法。为了获得教学的成功，教师需要精心计划，并提升小组管理的技能。我们需要了解小组是如何运行的，并通过应用一系列小组教学的技巧来实现教学目标。

第 76 问：为什么要使用小组教学方法？

小组教学在教学方法中占有重要地位，主要是基于这一方法的社会特性和教育特性两方面的原因。

对于接受高等教育的大多数学生来说，尤其是在他们学习和研究的前段时期，小组为学生之间和师生之间提供了重要的联系纽带。在学生交往、处理人际关系、解决一系列与教学相关的问题等方面，小组联系的价值不可低估。

使用小组教学方法能够最大限度促进教育目标中高阶智能的发展（如提高推理和解决问题能力），态度的发展和人际关系技巧的获得（如倾听、发言、辩论和小组领导能力）。这些技能对所有的学生都很重要，因为他们最终会投身到职业、社会和学术团体中，需要具备这些技能。

第 77 问：小组教学需要满足哪些基本特征？

小组教学需具备以下三个特征。

1. 积极的参与

小组教学第一个也是最重要的特征是通过所有人的参与来进行教学。这通常意味着小组的规模应该足够小，使每个小组成员都能参与其中。研究和实践经验表明 5~8 个学生为一组对小组教学来说是最理想的，而一个超过 20 人的小组几乎很难被称为小组，但是通过一些教学技巧和灵活的设计，可以使这种大型小组得到细分，使大量学生参与到小组活动中。

2. 面对面的交流

小组教学的第二个特征是在场的所有学生都要进行面对面的交流。有效的讨论不仅需要语言交流，也需要非语言交流（如手势语言、面部表情、眼神交流、身体姿势等）。这些只能在小组围坐一圈时才能实现。在学生坐成排的教室里，难以令人满意地引导小组交流。与此相似，长的会议桌也不太合适，因为学生看不到坐在旁边的同学。

3. 有目标的活动

第三个特征是小组教学的讨论必须有明确的目标，必须以一种有序的方式进行，否则，一些小组教学很容易变成叽叽喳喳的闲聊。教师为小组设定的目标应该是宽泛的，如讨论一个话题或问题，发展一种技能（如评价、分析、解决问题和决策技能等）。为了实现这些不同的目标，为了讨论朝着结论有序地进行，教师需要制定清晰的计划并掌握一些管理小组的技巧。

第78问：小组管理需要做好哪两方面的主要工作？

与讲授教学相比，小组教学相当难管理，因为教师必须密切关注学生的行为、个性和遇到的困难。为了小组教学的成功，教师必须对小组的形成和运作有清晰的认识。

作为小组讨论的发起者，教师有特殊的责任，教师的角色要根据不同的情景做出相应的改变。例如，在要达到许多目的的活动中，可能要考虑采取专制或者权威的领导模式，但是它的局限性会限制学生的自发参与。最好是把教师的角色定位成合作者，向学生表明期望，让他们承担发起讨论、提供信息、提出问题、质疑陈述、要求澄清等责任。成功的小组无须教师不断干涉就能够朝既定的目标进行。

有一个观念非常有益，但对于大多数教师来说很难接受，那就是独立性是小组教学的关键目标之一。达到这一目标比满足学生个人需要或是让学生听从教师或学科专家的观点更重要。

管理小组时必须考虑两方面的相关因素：小组任务和小组维系。另外，还必须考虑小组中每个学生的需要。

1. 明确小组任务及小组运作方式

必须清晰地界定小组的任务，同时要向学生解释采用此任务的原因以及要达到的课程目标。另外，教师可以引发一场讨论，讨论小组如何运行，学生做什么程度的准备，教师以何种角色参与，学生承担什么样的角色，等等。这些细节可能很快会被忘记，因此需要给学生提供一个小手册或说明，明确以下信息：课程名称、概述和目的；教师姓名和联系方式；学生名单；小组如何运行（如教师的角色，学生的角色）；任务要求（如作业、演示）；评估的安排；阅读材料。

2. 维系小组

维系小组需要建立一个良好的讨论氛围。它必须是一个开放的、值得信任的、支持性的氛围，而不是封闭的、怀疑的、防御的、争执性的氛围。建立良好氛围的责任不仅在于教师，也在于学生。在讨论时，教师要消除形成有效小组讨论的阻碍因素。例如，以坚决但是令人愉快的方式处理话多或者专横的学生，鼓励沉默的学生参与。同时，帮助学生遵守之前关于小组任务及小组运作方式的约定将有助于形成良好的小组学习氛围。

第79问：小组讨论有哪些常见的组织方式？

有一种宽泛的讨论结构，几乎适合于任何一种小组教学。它的实施要点如下：

（1）一系列准备好的问题；

（2）一个足够大的小组，能够划分成几个细分小组，每个细分小组大概有4名学生；

（3）细分小组用一半时间来解决问题（所有问题或部分问题）；

（4）每个小组对工作进行简短汇报；

（5）在小组汇报的基础上进行班级讨论。

除了这一宽泛的讨论结构，为了适应各种特殊的小组教学情境，还有不同形式的小组讨论教学设计。

1. 一对一小组的讨论

这是不管组别大小都可以使用的非常有效的技巧。小组成员初次见面时尤其有用。它对于提高倾听技巧极有价值，也可以应用于讨论有争议的问题或伦理问题。使用这种方法能有效阻止持强硬观点的个人居于支配地位，因为他们也被要求倾听其他人的观点，并要向整个小组表达他们的观点。表4-3是一对一小组的讨论程序。

表 4-3　一对一小组的讨论程序

1	小组成员（最好也包括老师）分成两人一组，每个人被指定为 A 或 B
2	在讨论的课题上，A 不被打断地向 B 讲述 3~5 分钟
3	B 倾听，不做任何提示或提问
4	A 与 B 变换角色，B 说 A 听
5	在结束部分小组集合
6	每个人轮流介绍他们自己，然后介绍与他们交谈的人，以及对方说了些什么

坚持不打断的原则是有用的，沉默的时间延长可能不可避免，但是组员可以利用这段时间进行不受打扰的思考。通常最初对问题的肤浅回答将在深入思考后改变。

2. 蜂鸣小组的讨论

蜂鸣小组讨论对最大限度地鼓励学生同时参与小组学习有特殊效果，在以下情境中特别有用：小组很大，有太多的人试图立刻参与到讨论之中。此外，羞怯会阻碍一些学生参与。表 4-4 是引导蜂鸣小组进行讨论的程序。

表 4-4　蜂鸣小组的讨论程序

1	设定清晰的任务
2	将小组分成三至四个人的小组
3	讨论几分钟
4	每个小组向整个小组作报告

3. 滚雪球式小组的讨论

表 4-5 是另外一种讨论结构，这种讨论从个人任务开始，学生通过一系列持续扩大人数规模的小组讨论和学习得到进步，就像滚雪球一样。这种结构有其他结构所不具备的特殊优点：最后的成功不依赖于学生事先做的准备；最初的个人任务让所有学生在讨论前几乎达到同一水平；确保每个人至少在预备阶段参与了活动。

表 4-5 滚雪球式小组的讨论程序

个人活动	10 分钟	学生简要阅读有关话题的背景文件，阅读个案，分析讨论材料
结对活动	10 分钟	学生相互比较自己的理解，解决并消除困难，得出初步的观点或结论，准备好下一步的讨论
小组活动	15 分钟	两个人向小组汇报。小组讨论观点或结论并进一步分析，寻求共识或消除分歧。小组准备向大组汇报
向大组传达报告	20 分钟	每个小组做汇报。教师将大意记在黑板上、纸上或者幻灯片上，教师和学生对小组的贡献进行评论。教师或学生总结提到的观点，将其中一些形成结论

4. "头脑风暴"会议

当教师希望鼓励宽泛和创造性地思考一个问题时，可以考虑采用"头脑风暴"。当高度挑剔的小组成员似乎要妨碍讨论的进行时，这种技巧也很有价值。频繁地使用这种方法，可以训练学生在拒绝或批评他人观点之前先把观点都想出来。成功进行"头脑风暴"的关键是区分开两个过程，即观点的产生过程和通过对这些观点进行评价得到问题可能的解决方案的过程。表 4-6 是引导一场"头脑风暴"会议的程序。

表 4-6 "头脑风暴"会议的程序

1	向小组解释"头脑风暴"的规则 (1) 在观点产生期间拒绝评论 (2) 所有的观点都是受欢迎的 (3) 目标是观点或想法的数量（为了提高好观点出现的概率） (4) 获得所有的新观点后，对观点进行合并和改进
2	向小组陈述问题
3	在学生写下他们的观点时允许一段时间沉默的思考
4	将观点记在黑板、幻灯片或白板纸上，以便所有的人看到
5	当列出所有的观点并完成了观点的整合和改进后，开始讨论和评价

5. 角色扮演

这是一种强有力的但未被充分利用的教学技术。这种方法在人际交往技能，特别是在复杂的情感领域教学中有非常大的价值，它能帮助人们改变观念和发展移情。但这种方法的使用需要有相关经验，因此你在课程中使用它之前应该先了解角色扮演课程。表 4-7 是引导角色扮演的程序。

表 4-7 引导角色扮演的程序

1	解释活动的性质和目的
2	明确背景和情境
3	选择学生扮演角色
4	向表演者提供角色的真实描述或者是剧本，给他们准备的时间，如果必要，给他们练习的时间
5	给不参与表演的学生指定观察任务
6	给角色扮演留出充分的时间
7	与表演者及观察者讨论和探索经验

6. 全体出席的会议

很多小组教学实际上是在会议室和工作室中进行，小组通常向更大的组做反馈报告。这种反馈报告有时会因为小组领导者而呈现非常扭曲的观点，而全体出席的会议能够帮助避免这些问题。表 4-8 是引导全体出席会议的程序。

表 4-8　全体会议的程序

1	各小组面对面坐在一起
2	小组 A 的组长简要地报告小组 A 中讨论的内容
3	然后小组 A 的组长邀请小组 B、C、D 中的成员向小组 A 中的任何成员提问
4	10 分钟后，小组 B 的组长报告小组 B 中的讨论，每个小组重复上述过程
5	10 分钟的报告时间限制必须严格遵守

各种讨论组织方式都需要一个清晰的计划，使小组讨论朝着既定的目标有序地前进，可以考虑列出小组的有关任务并分配好可用时间。这个方法很有效，尤其是在学生新加入课程时，可能还不知道你所说的讨论意味着什么。列清楚要讨论什么，预计用多少时间来进行讨论。列出这些并不是要提倡刻板的讨论程序，而是为了澄清目标和任务。这可能会很琐碎，但如果没有这些，学生对讨论过程可能会产生相当大的不确定感。

让讨论遵守时间计划是非常困难的，但是教师对讨论时间要保持警觉，如讨论的时间是如何分配的，计划中要讨论某个问题的时间是否可以分给在讨论过程中产生的没有预期到的重要话题。

第80问：如何引入材料促进小组讨论？

使用刺激性材料是一个非常有用的手段，可以使小组讨论顺利进行。刺激材料的使用范围很广，教师可以根据课程目标，发挥自己的想象力进行选用。下面是一些可用材料的例子：

（1）一个简短的多项选择题（模糊的选项在小组讨论中很有用）；

（2）一个案例研究；

（3）一段引导电影或录像（例如简短的开放结果的情境，诸如两个人的不期而遇）；

（4）观察角色扮演；

（5）视觉材料（照片、幻灯片、标本、实物、图表、示意图、统计数据等）；

（6）声音记录（访谈、录音、广播的节选）；

（7）学生的书面报告（项目报告、调查报告、实验报告）；

（8）期刊文章或其他书面材料。

第81问：哪些特征说明小组运行成功？

（1）温暖的、接纳的、无威胁的小组氛围。

（2）学生有备而来。

（3）学习方法是合作的而非竞争的。

（4）互相学习是小组存在的最主要原因。

（5）所有人积极地参与。

（6）领导职能公平分配。

（7）小组会议和学习任务是有趣的。

（8）小组活动充分、有效地覆盖学习内容。

(9) 评价是小组活动不可或缺的一部分。

(10) 学生有规律地参与。

第82问：小组运作发生障碍时有哪些典型特征？

小组一旦开始运行，对它进行监控很重要。教师需要对小组的情绪反应和个别学生的行为保持敏感。打嘴仗、逃避、亲密和依赖这四种反应是小组运行出现障碍的典型特征。

(1) 打嘴仗。这表现为多种形式。比较容易识别的是公然的敌意和侵犯行为，造成同样伤害的还有不合时宜的幽默、诡辩、试图通过贬低别人证明己方智力的优越性。

(2) 逃避。学生很擅长逃避困难。这是小组讨论学习最大的问题之一。它可能表现为退缩行为，打岔或尝试改变讨论的方向，逃避解决困难的问题。

(3) 亲密。小组中的成员可能在相当长的时间里进行的是或多或少的私人谈话，常常教师也成为其中一员。这种状况应该是不允许出现的，但是在很多小组里，主要的讨论可能仅由小部分学生展开。

(4) 依赖。这可能是小组中普遍存在的问题。小组让某个人包办而不是每个成员参与解决问题。学习成绩优异的学生往往会被拍马屁，成为被依赖的对象。一些学生似乎特别擅长怂恿别人作为自己依赖的对象，甚至他们的教师也特别容易受影响成为被依赖的对象。

第83问：如何解决学生在小组教学中的常见问题？

假如讲授课上有一名睡着了的学生，或者是教室最后一排坐着一对含情脉脉的情侣，可能因为他们并没有破坏整个课堂的气氛，许多教师会决定无视他们的存在。但是在小组教学中不可能这样做，每个人的参与是小组教学的目标之一，如何解决小组运行中出现的问题很关键。

作为小组的引导者，教师要对小组和小组中的个人保持敏感。研究表明，学生通常会在参与方面感到困难，这些困难主要来自以下几个方面的顾虑：不知道如何才能对小组任务做出贡献；不了解小组的运行惯例和可接受的行为模式；害怕接受评价。

这些问题常常妨碍讨论的成效，而出现这些问题主要是因为学生对小组学习缺乏认识，或是担心在教师和同学面前暴露自己的无知。学生以前的经验可能会导致他们把小组学习看成是一个具有威胁性的回答问题的过程。因此，教师很有必要澄清小组学习的目的和学生参与的方式，让学生了解无知是相对的，他们需要认识自己的无知，并在这个基础上勇敢地追求新知。教师愿意承认自己无知，并表现出处理无知的合理方式，会对学生很有说服力。

如果学生不了解自己在小组中的表现会受到怎样的评价，也会导致小组教学产生困难。一般来说，评价学生对小组的贡献对学习可能有抑制作用，应该避免。如果要进行评价，那么至少把评价的行为标准清晰化。你可以在第 5 章了解制定清晰的、参与者都能认可的评价标准的方法。在确定评价标准和方法时，下面的维度值得考虑：把参与所有的或是特定部分的小组会议作为评价的前提条件；布置正式的书面作业，如一篇主要论文、一系列小短文、一个案例分析，让学生将个人的学习成果形成书面文字，方便进行评价；布置以小组为基础的任务，记录小组所做的工作，参考记录评价小组工作及小组成员的贡献。

教师对小组教学中可能存在的困难的认识可能和学生的认识不一致，为此教师可以通过一些方法寻求反馈，如与小组成员讨论他们认为进展如何，或者使用简短的问卷来获得反馈。

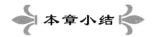
本章小结

※ 讲授是高校教学中最常用的教学方法之一。本章分析了讲授课的优势和劣势，介绍了讲授所需要的一些特别的技巧，以及充分利用其他教学活动来丰富讲授活动。

※ 实验课教学对学习实践技巧、技术和了解科学研究的过程能够起到有效作用。本章介绍了不同类型的实验课的一般特征以及上好这些课的一些基本要点。

※ 讨论教学在现在的大学课堂越来越常见，但是讨论的参与程度和讨论的深度往往很难达到教师的预期。本章提供了一些基本的技巧来提高讨论的参与度和激发讨论的思维活力。

※ 在日益强调合作的社会氛围和教育气氛下，小组教学成为促进合作和提高问题解决能力的重要手段。本章着重对小组的管理技巧进行了阐述，并且提供了多种小组讨论的组织程序，供教师需要时选用。

※ 需要强调的是，本章教学技巧不是割裂的单元，教师可以根据自己的情况进行选用或组合，创造出自己独特的教学风格。

第 5 章
教 学 评 价

第 1 节　学业评价方法

学生评价可能是教师最会招致批评的一项任务，下文将帮助你了解如何尽可能地使用公平、精确的评价和测量方法来评价学生的学习效果。

下面首先提供有关评价的一些基本知识，然后详细地阐述各种评价方法。熟悉了这些内容后，你就能够了解如何选用合适的评价方法。

第 84 问：如何提高评价的信度？

一个有意义的评价必须具有一定的信度和效度。

作为一个好的测验，它的结果必须可靠，可靠性是指评价结果的一致性。例如，同一个人用同一种评价方法去评价同一教学现象，每次所得的结果应当基本相同，这种可靠性表现为不同时间、不同内容或不同评价者来测定时。评价结果的一致性。

评价的可靠性程度称为信度。信度可以通过以下方法得到提高：

(1) 使考试与课程目标、课程内容和教学方法相匹配；
(2) 尽量覆盖教学目标和教学内容，包括已做过的测试；
(3) 根据不同的目的使用合适的测试方法；
(4) 使用多种测试方法；
(5) 确保安全和有效监督，避免作弊。

第85问：如何提高评价的效度？

一个测验无论其信度有多高，还有一个前提条件就是测试的是否是我们想要了解的问题，即测量的有效性。如果我们原本想测量的是学生对 A 概念的综合分析能力，可是实际上却对 A 概念的记忆情况进行了测量，尽管多次测试结果比较一致，可是因为测试与我们原本的想法南辕北辙，这样的测试是无效的，也就是效度很低。

简单来说，测验的效度是指一个测验对它所要测量的特质准确测量的程度。效度可以通过以下方法得到提高：

（1）确保对这一水平的学生，提出的问题清晰、合适；

（2）通过检查，确信测试的时间限制合理；

（3）提供简单、清晰的测验说明；

（4）确定高质量的评分标准（如清晰的评分标准，有评分检查的工序，由熟练的评分者操作）；

（5）使测验的选择题数量最小化；

（6）使用信度相对低的测试方法时，增加问题的数量，增加观察或考试的时间。

第86问：为什么要进行诊断性评价？

诊断性评价是指教学前所进行的准备性评价。其目的是为了了解学生的现状和存在的主要问题，同时也包括对学生的各种优点、缺点和特殊性的识别，为制订符合学生实际情况的教学方案和计划，有针对性地开展教学工作做准备。

学生的背景不同、兴趣不同，如果不了解他们的知识水平和认知能力就开始授课，教学可能很难达到预期目标。有的学生缺乏学习功课所必需的预备技能，有的学生对教学内容态度消极，如果教师事先不知道学生的知识准备状态和他们对学习内容的情感态度，教学就会变得非常困难。

另外，对于教师准备教授的知识技能，如果学生已经掌握，他们学习的兴趣和热情将会大大地降低。诊断性评价是为了提示教师，教学的起点必须是学生的已有水平。

而且，随着课程的深入，在学生进步的过程中，教师需要不断地掌握学生达到的水平。从这一点上来说，在所有的教学阶段，教师都需要对学生进行诊断性学业评价。

第87问：为什么要进行形成性评价？

形成性评价是在教学实施过程中进行的评价，是对照教学目标经常地检验教学状况和学生学习情况而进行的评价，其目的是为了了解教学过程中的状况，以便及时调整教学，这种评价有助于及时发现问题，及时对教学方案做出适当的调整。

形成性评价提供了教学进程和学生行为的有关信息。这些信息有助于课程目标的发展和形成。同时，学生可以根据反馈信息，对学习任务进行调整。形成性学业评价对教学过程的改进和学生的发展都有帮助。

形成性评价可以不用那么正式。这样的评价应该表现得没有威胁性，因为它的目的只是让学生认识自己的优势和弱点，而不是让学生伪装起来。对学生的学习和表现提供反馈意见会让他们心存感激，而且使他们对整个院系和有关教师都能形成正面的情感。

第 88 问：为什么要进行总结性评价？

总结性评价是指在教学进行到一个阶段，或者说完成某一阶段性教学时进行的评价，其目的主要是肯定成绩、总结经验、发现问题。

总结性评价为决策提供依据。教师最终需要了解课程的相对优缺点，学生发展到了什么水平。当然，所获数据也可作诊断之用，为进一步学习提供信息，明确下一步的教学方向。

在处理总结性评价的时候，需要尽力保证所有的评价都是公平的，是建立在正确的标准之上的。必须告知学生评价的标准，使用什么评价方法，每个指标给予多少权重。这些信息需要在课程开始的时候就告知学生。这点非常重要，因为学生经常会从其他渠道，如从过去的学生或者是院系教务那里打探这些信息，而来自这些渠道的信息可能是不准确的、误导的或者被学生误解了的。避免这种情况最好的办法就是提供打印好的详细课程计划，包括评价计划，还可以提供过去的一些作业、论文范本。在课程早期通过网络提供一个开放的评价计划论坛会受到欢迎，而且也很有价值。

例如，在教育统计课上，教师希望通过考试来促进学生更好地掌握统计方法和技术。然而，没有得到明确指示的学生，通过各种渠道打听考试可能要考核的要点，因为某些学生自身学习方法的问题，他们对打听到的信息片段进行了曲解，带动了班级大部分的学生开始背诵、记忆各种统计公式，严重偏离了教学目标。教师本以为自己隐瞒考试信息会促进学生更全面、深入地进行学习，但结果发现，在没有明确的预期时，很多学生的学习偏离了轨道，浪费了大量时间和精力。

第89问：评价活动会对学习产生什么影响？

永远不要低估一个评价，特别是这个评价关系到学生未来发展时，会对学生产生的影响力。评价的影响可能是积极的，也可能是消极的，甚至可能是有害的。

对许多学生来说，通过考试是学习的主要动力。如果考试没有有效、真实地反映出课程的内容和目标，就会蕴含潜在的危险，如严重地误导学习，对学生得出错误的评价。

例如，某校医学专业对最后一年的课程进行了修订，但课程评价却不慎变成了书面测验的比重超过临床测验的比重。结果发现，学生花费大量的额外时间来学习课程的理论性知识，而不是去实践临床技能。事实上，后者才是课程修订的主要目的。

应该把直接影响学生未来发展的评价（总结性评价）和为了指导学生未来学习而进行的评价（形成性评价）区分开来。很多时候，形成性评价在促进学生学习上更有效。

第90问：评价是否可行需要考虑哪些问题？

关于评价的可行性，需要考虑如下问题。
（1）我有主持、执行此评价的技能吗？
（2）我能准确地解释评价结果吗？
（3）按照评价计划进行评价是否需要太多时间？
（4）这一计划是否需要特别的资源（如人力、资料或设备）？这些资源是否可获得？

显然，根据你自己的情况还会有其他一些关于可行性方面的考虑，因此在开始任何一个特别的评价计划之前都需要进行认真的考虑。

第 2 节　实施学业评价

第 91 问：学业评价的内容一般有哪些？

学业评价是指教师获得学生所掌握的知识、技能、态度等信息的活动。考试是评价学生学习成绩最常用的办法。大多数情况下学业评价表示的是一种综合评价，包括：学生的学习成绩（测试学生知道什么，或知道如何做什么）；平时表现（学生在课程中的作业质量）；努力程度（学生在课程学习中有多努力）。

学业评价活动包括：搜集正式评价信息（如客观测验成绩）；对非正式信息的使用（如个别谈话）；对学生完成的课题或所做的笔试评定等级或给出分数（数字成绩、字母等级、描述性等级）。

第 92 问：为什么要进行学业评价？

进行学业评价通常有如下原因。

（1）诊断学习和检验进步，这是学业评价的主要原因。诊断应该帮助每个学生认识到自己的缺点，也应对教师的教学有导向作用。

（2）给学生评成绩定等级。大多数情况下，学生成绩等级就意味着学生在一个单元、一个学期或一个学年中取得的成绩。因此，为了给学生定一个准确的等级，教师需要搜集足够的信息。一般来说，学业评价的次数越多、种类越复杂，教师对学生的学习情况就了解得越多。

（3）预见未来成绩。学业评价也可预见学生选择的后续课程是否合适。

（4）激励学生。虽然教师没有刻意用学业评价去增加学生的学习动机，但学业评价对学生常常有激励作用。不过这也依学习者个人而定，因为考试可以迅速增加某些学生的动力，而另一些学生则会承受巨大的压力，动力反而会降低。

（5）诊断教学。学业评价数据可以给教师提供有价值的诊断信息。例如，从考试中可以看出，哪些教学内容或哪些教学过程没有完全被学生理解，课程呈现的教学材料是太难了还是太容易了。

当然，对学业评价的负面影响也要谨慎，这一点很重要。不同形式的学业评价对特定类型的学习（如机械学习）会有促进作用，而对其他类型的学习可能会产生抵制作用，尤其是当这种学习难以测量的时候（如高级思维）。

第93问：如何通过评价计划达到公平的评分？

为了确保评价计划对学生公平，可以采用如下的步骤和策略：

（1）制订评价计划。

（2）在课程计划阶段就应该确定评价的程序。如果和助教或同事一起工作，就一起讨论决定使用何种评价方法。

（3）确定学生的作业如何分等级，每份作业、测验占课程总分的比例。同时，也要为错过或不能参加学期作业或最后考试的情况制定规则（如给学生一定的时间宽限）。如果确有必要，可以在不惩罚的情况下，允许他们晚交一两天作业。

（4）就评价计划与学生交流。

（5）清晰地列出有关评价事项以后，将这些规定尽早告知学生。告知对他们的期望，以及将如何测量他们。向他们解释评价方法、评分过程、评价规则，以及这些方法和规则如何在帮助他们达到课程目标的同时，对他们的进步进行公平的评价。完善的评价计划和清楚的解释能够消除学生的迷惑和可能出现的焦虑。

（6）如果事先确定评价计划与公平的评价标准，并且使其得到学生认可，那么其后遵照既定的评价计划和标准得出的评价结果就能最大限度地得到学生的认可，进而对评分的争议也会大大地减少。

第94问：学业评价设计需要考虑哪些问题？

设计学业评价要考虑以下问题：

（1）学生需要具备什么样的知识、技能和态度？

（2）学业评价如何使课堂所教授的内容更具吸引力？

（3）能够使用正式或非正式、结构性或非结构性的标准进行学业评价吗？

（4）是单独设计学业评价，还是与同事或学生一起设计？

（5）完成这些学业评价需要多长时间？

（6）评价过程中有哪些个人活动或集体活动？

（7）学业评价需要用到哪些材料和设备？

（8）能独自完成这种学业评价吗？会涉及其他教师吗？学生会做自我学业评价吗？

（9）所获得的评价结果如何服务于将来的教学？

以下是设计学业评价的一些策略：

（1）如果课程学习的主要目标仅仅是让学生习得事实、定义和概念，那么一份精心设计的多项选择考卷就足够了。

（2）如果要评价学生的论文、演示、项目或课堂贡献，确信给学生提供了清晰的要求说明和评分指导，以及以前学生的杰作范例。只有这样，学生才更可能表现出真实的技能水平，而不会对作业产生误解。

（3）如果你的等级评定系统还包括对学生努力情况的评价，那么在课程开始之初就需要说明，学生需要做什么来表明他们确实投入了课程学习（如在办公时间访问你，与助教一起修订作业、论文或项目计划，参加所有的班级会议，在课堂上发言等）。许多教师认为评定努力程度不公平或不精确，会下意识地不对那些全勤或在办公时间访问教师的学生给出评分倾斜。因此，在评定学生等级时，要确立明确的标准，依据标准进行评价，不忽略一些可能影响评价结果的学生行为。

（4）学业评价所基于的作业或任务对学生必须有一定的吸引力，形式要简单易行。最重要的是，对学生的指导要清晰，要能被大多数学生接受，要有利于他们成功地完成任务。如果学业评价基于持续的班级学习和学生兴趣，那么就很容易形成既吸引学生又能激励他们的任务。

> 要想完成一个得到认可的等级评定，事先设立明确的规则很重要。

第 95 问：小组作业的评分需要注意什么？

小组作业能够达到的一些教学目标（如提高学生的合作技能）不是传统课程能轻易达到的，对小组作业进行公平的评价也非常困难。小组成员承担的工作往往不均匀。由于这个原因，一些教师允许小组成员个人为小组的每个成员包括他们自己打一个"辛苦"分。因为，合作限制了任何一个学生控制最终作品的能力，小组作业可能不是完美地反映出学生的真实能力或努力。考虑到这一点，可以使用个人和小组评分结合的方式。例如，每个学生可能对某个特定的话题或部分负责，同时会因为小组的整体表现得到一个总分。

同时，教师应该认识到一些项目不易于让学生真正地合作，如传统论文或科技论文，这些任务几乎总是被学生分摊，很少进行讨论、反馈或观点的融合。适合合作完成的作业经常基于问题解决或案例学习，以"产品"的方式表现出来，如电影、计算机程序、物理发明，或是一份书面作业、在班级进行展示的项目计划书。

第 96 问：如何对学生的讨论进行评分？

可以把每次讨论课都录下来，第二天再进行评价，一般两小时足够用来听录音并对每个学生表现写下评语。对学生说了什么以及他们的表达方式进行评价，以此来强调交流技能的重要性，详细指明学生需要改善的行为。如果某些问题一直没有改善，教师可以单独会见学生，对这些问题给予特别指导和意见。录音后再评价的好处是，它可以让教师参与到讨论中，而不会因为要当堂评分而分散精力。同时，它使得建立在学生语言表现上的更广泛的评价得以进行。

保留课堂录音的好处是,常常可以通过播放课堂讨论录音向学生指出他们存在问题的行为。在学期末如果对分数有争议,这些录音还可以作为客观记录使用。如果课程是由教师小组进行教学,课堂录音还可以让多人共同来给学生评分。还有一个好处就是教师可以评价自己在课堂上的表现,分析自己对实现课程目标的贡献,探讨如何限制自己发言的长度,而使学生的参与程度最大化。

第97问:项目和演示评分需要注意什么?

项目和演示可能因为形式独特而对评价工作形成特别的挑战。在评价项目和演示之前,确保给学生提供了清楚的作业指导,还可以考虑在这些指导的基础上准备一份评分核查清单或者是评分表。可以把各种指标,如从作业长度到对资源的利用程度以及整体的创造性等,包含到作业指导中。

第98问:论文评分需要注意什么?

在给论文评分的时候,使用空白处、正文背面,或附上小贴士,清楚而审慎地写下你的意见。尽量让建议足够明确,这样学生有机会在下次做得更好。如果你发现不少学生犯类似的错误,可以针对这些错误准备一份材料统一分发。例如,如何写文献综述、如何阐述论点。在宣布作业的时候发这样的材料比较合适,有助于学生更好地准备。

应该根据论文的内容、组织和风格来对论文进行评价,对具体维度的评价对学生的提高会很有用。但是，学生要知道一篇论文（观点、分析、洞察）的整体力量是不能割裂的。因此，学生能够通过论文恰如其分地表达真实想法非常重要。在提高学生的语言表达能力方面，一些教师有很好的成功经验，他们要求学生提交两次论文。提交的第一稿主要是为了对文章的内容、组织和形式给出建设性意见。提交的第二稿才用来评定等级，而这一稿通常都会表现出让学生和教师双方都满意的进步。

可以在开始评分之前先阅读一些论文，以对整体的质量情况有所了解。当太累或太厌倦的时候应该停止评分。再开始的时候，浏览一下最后评分的几篇论文，确保评分公平。

第99问：如何对学生的课堂表现进行评价？

1. 将课堂表现纳入学生学业评价的范围

结构化的课堂讨论越来越受到师生的欢迎。在许多高校课程中，尤其是本科生高年级和研究生低年级的课程中，课堂表现常常被认为非常重要。课堂参与在最后的课程成绩中往往占到20%～50%。虽然课堂参与评价的比重在增加，但是也存在一些潜在的问题。

（1）在缺乏客观方法的情况下，教师的个人喜好很大程度上影响对学生表现的评价。

（2）另外，对讨论参与度进行评价可能会增加学生的焦虑，而这反过来可能会约束讨论。知道他们正在被评价，会让学生在这种有威胁的环境下感到压力。

2. 使用评价量规

量规是目前得到广泛应用的评分工具。它列出了评价一项工作的若干个维度，在每一个维度之后清晰给出各评分等级下学生的行为描述。表 5-1 是一个有关同伴合作与团队协作的量规样例。

表 5-1 同伴合作与团队协作的量规样例

标准	权重	有待提高	达到期望	超越期望
领导力与创造性	25%	小组成员角色被动，很少有新想法。倾向于只做别人告诉他们要做的事情，当他们有需要时也不寻求帮助	小组成员在讨论新想法的时候活跃，在组织和完成任务时积极主动，有需要时也寻求帮助	小组成员在周到的组织和分工的基础上为小组提供引导，审视过程，为任务指引方向和突破口
协助与支持	25%	小组成员似乎不能或不愿意帮助别人，对项目或其他的小组成员做没有建设性的反馈	小组成员愿意帮助小组其他成员。愿意聆听他人意见，帮助创造一个积极的工作环境	小组成员积极关注小组其他成员的情况，确认每个成员的进展，主动提供所需的帮助
贡献与工作规范	50%	小组成员经常中断工作，没有完成作业或任务，或者参与度低，妨碍了任务的进展。可能工作很努力，但是花在了相对不重要的部分上	小组成员每天按时完成作业或任务，大部分时间都努力工作。即使缺席，事先也与其他小组成员及时沟通，而且没有明显妨碍任务的进展	小组成员补上了其他小组成员没有做完的工作，并且愿意在课堂和学校外花大量的时间来完成任务

评估量规对于老师和学生都是非常有用的，原因如下：

（1）它是教学和评估的有力支持工具，可以作为一种监督方式，由老师清晰地讲解和展示给学生，让他们知道自己需要达到哪些要求，这样做通常可以改善学生的绩效，提升学生的学业水平。

（2）评估量规可以帮助学生对自己或同学的作品质量有一个理性的思考，在完成过程中不断按照作业应达到的水平，修正自己及小组其他同学的行为。

（3）评估量规可以节省教师评估学生学业所花费的时间。

（4）评估量规层次丰富，可以用于各种类型的学生。

（5）评估量规很容易使用和说明，可以减少评分纠纷。

3. 使用行为尺度量表

除了使用现有的一些量规，教师还可以和学生一起来设计行为尺度量表，请按照以下步骤进行。

（1）向学生解释，参与是课程学习的重要部分，也是他们成绩的重要部分，设计一个有用的指南，帮助学生在课程中表现自己。

（2）给学生提供一张小卡片，要求他们列出符合以下情况的至少1个例子（最好是2～3个例子）：

① 课堂讨论中不好的表现：_____
② 课堂讨论中适当的表现：_____
③ 课堂讨论中优秀的表现：_____

收集卡片，告诉学生第二轮活动将在下堂课上举行。

（3）组织一个小组，包含2～3位同事、助教或学生，浏览卡片上的内容。去掉模糊的回答、重复的回答和没有行为的描述。然后，由小组成员把留下来的条目改写成"期望"表格。例如，"希望学生……"。一般一个15～30人的班级能够提出30个左右有用的行为表现描述。

（4）将列出来的行为表现陈述清单发给学生，要求他们从代表最低表现水平的"1"到代表最高表现水平的"7"为所有的项目排序。让他们认真考虑每一个项目，并且在使用1、2等数值给这些行为表现定级别和排序时，把握好数值的等值和差异，学生一般都会严肃对待这一活动。

（5）至此，每个陈述或项目都有了排名或分值，对每个陈述的排名计算平均值。还要计算每个陈述评分的标准差，一般情况下，标准差小于1.5（适用于7分量表）的陈述项可以用在最后设计的量表中。

（6）准备最后的量表。将想要使用的陈述根据其大概水平，放到量表的某个分值上。至少通过6项陈述来定位量表的等级。可能筛选后还有大量的陈述条目符合标准，这种情况下，使用不同陈述来定位量表的选择范围更大。

（7）复印量表发给学生，讨论其含义及如何使用它。可以留存一些量表复印件，每过三四周就根据你观察到的行为在量表上写下对学生的评价，可以告诉学生需要如何提高，或者强化他们的积极行为。

对学生来说，制作量表本身就是一次学习经验，因为它要求学生直面问题，即"什么构成了优秀的或低水平的学习表现"。最后，所有的参与者对量表的描述应该都有类似的理解。学生参与评价工具的制定能够使学生更加易于接受评价方案，而这样做同样也能保留一些教师期望的评分项目。表5-2是课堂参与绩效量表样例。

表 5-2 课堂参与绩效量表样例

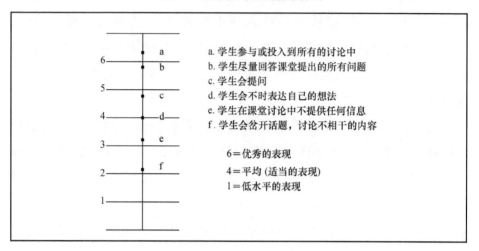

第 100 问：如何使用观察法对学生进行评价？

对学生的操作技能或人际交往能力进行评价时，观察法是最有效的方法。但遗憾的是，观察法的信度往往比较低，尤其是在复杂的、无法使用其他评价方式的交往技能领域，评价的信度往往非常低。因此，在用观察法进行评价的过程中，得到的信息最好主要用来反馈给学生，而不是用来作为重要决定的依据。

1. 核查表

核查表一般是一个 2 级评分量表。有证据表明，当核查表的级别超过 4 级时，信度会下降。因为评价者需要确定核查表上所说的要素有还是没有、足够还是缺乏、令人满意还是达不到要求。只有当每一部分都得到清楚的定义，并且容易观察到时，核查表才是可信的。核查表对于评价技术技能特别有用。

2. 量表

量表有很多种,量表的核心特征是要求观察者根据量表判断一种行为是持续的还是间断的。这种方法被广泛用来进行行为和绩效的评价,但是其评价客观性是一个不可避免的问题。如果要做某种判断,对同一个学生的同一个活动用多种独立的量表进行评价就显得很重要。表 5-3 至表 5-5 是针对同一能力的不同结构的量表,用来测量学生的信息技术素养,测试的要点是"从互联网获得信息"。

表 5-3　信息技术素养量表样例 1

	表现好 (处于前 1/4)	表现中上 (处于 1/4~2/4)	表现中下 (处于 2/4~3/4)	表现落后 (处于后 1/4)
从互联网获得信息的能力	4	3	2	1

表 5-4　信息技术素养量表样例 2

从互联网获得的信息

☐ 非常有效　☐ 有效　☐ 适当　☐ 贫乏

表 5-5　信息技术素养量表样例 3

从互联网获得的信息

☐ 获得很少或没有获得信息　☐ 获得了一些信息,有错误或遗漏信息　☐ 进行了充分的执行,获得了大部分信息　☐ 非常深入地了解了研究的问题这里我们建议使用表 5-5，有两个理由：一是它力图提供清楚的描述，帮助观察者确定行为属于哪个标准；二是它更注重实效。

3. 提高观察评价法信度的方法

通过培训评价者来提高观察评价信度只能带来非常小的改变。更有效的方法是选择那些内在一致性更高的评价者。采用观察法进行评价，需要向观察者简短而又充分地解释评价表的内容，而且要告诉他们不能对学生没有表现出来的行为打分。

第 101 问：如何用口试进行评价？

传统的口试给主考官相当大的自由，可以使用不同的问题来询问不同的学生，但信度非常差。

1. 口试的适用领域

口试为学生和主考官面对面的交流提供了一个很好的机会，可以用来测试语言和交流能力，而这些技能无法用其他方法来测量。但是在实践中，口试存在的问题是偏离语言和交流技能，而仅仅要求学生回忆一些零散的知识片段。

口试的信度太低，因此应尽可能减少对口试的依赖，除非口试是唯一有效的测试方法，例如外语能力的测定。但是，当想要通过富有挑战性的深度发问，将最顶尖的学生区分出来时，口试是很合适的一种方法。

2. 使用口试的一些技巧

使用口试时，可以采取以下技巧来减少可能出现的问题。

（1）定义好要测试的内容。

（2）如果是理论口试，考试之前先集合考官，并准备一份标准的问题序列。如果能够将已参加考试的学生和即将接受考试的学生分隔开来，那么可以向学生问相同的问题；如果不能将他们分隔开来，那么问题的内容和难度应该保持均衡。

（3）如果是实践性口试，除了遵循上面的要求之外，学生完成同样的任务时所面临的条件也应该是相同的或等同的。

（4）尽量减少考官主观判断的不一致性。

（5）准备一份结构化的评分表或评分量表，向考官简单说明如何使用。

（6）使用尽可能多的考官，换句话说，就是将口试时间分成尽量多而短的时段，而不是一个很长的时段。

（7）确保询问每个学生的问题都是得到认可的问题，并且学生得到了相同的时间来回答。

（8）确保每个考官独立评分，并且直到整理所有的分数之前，避免主考官与个别学生进行讨论。

（9）对潜在的偏见进行控制或干预，如学生和考官的年龄、性别和信仰。

第102问：如何利用学生自评？

这里自我评价的内涵是指一个由学生参与建立评价标准的评价体系，学生会使用评价标准来对照自己的作业，并且判断达到了何种程度。每个高校毕业生都应该具备这种技能，能够对自己的工作质量做现实的评价。

1. 学生自评的意义与适用情境

将自我评价引入课程的实践表明这样做是可行的也是值得的。只要评价计划设计得好，而且学生是对他们所取得的成绩（而不是所作的努力）进行评价，他们的评分就会合理，与教师的评分一致。因此，教师把自我评价作为一种主要的评价方法，来提高学生对自己能力和表现的了解是没有问题的，还可以借此鼓励开放和诚实的评价。

自我评价最有可能在以下教学环境中取得成功：以学生为中心的教学方式；对学生的学习过程进行评价；课程环境令人信任，并对学习起支持作用；有让学生参与学校一级的评价的意识。

2. 引导学生自评的技巧

引导学生进行自我学业评价一般包括如下活动。

（1）确定评价标准。这项工作可以通过一系列由教师和学生参与的小组会议来完成，双方通过商讨，在用来评价学生作品的标准上达成一致意见。为了帮助学生更好地聚焦于标准讨论，可以要求学生反思两个问题：如何区分好的作品和不足的作品？一份好的课程作品应该具备哪些特征？

（2）确定等级归属。包括设计一个得分表，对要判断的行为进行阐述，形成标准的概念。

当标准确定下来之后，学生就可以使用它们来判断自己的表现，根据对应的陈述给出相应的分值。他们还可以把自己的评分和同学对其作品的评分进行对照。教师也可以进行随机的抽样评分，防止作弊和自我欺骗，对学生的自评实现一定程度的监督。

第 103 问：如何利用考试促进教学目标的达成？

1. 教师应树立的考试哲学

考试成绩的重要性已经得到了充分的认可，但是我们要知道考试的结果不能反映出一个人有关价值或尊严方面的信息。考试的分数无法对一个学生内在的智力能力做出综合的判断。而且，课程的一两次成绩状况不会决定一个学生在整个课程上的成功，更不用说生活上的成功。对于大部分考试来说，它们能反映的仅仅是它们想要测量的在某个关键的时间点学生所展示出来的对信息和技能掌握的情况或能力。同样，考试也并不是学术成就的顶点。

在制订评价计划的时候，首先需要考虑的是采用什么样的评价方式能够最好地展示出每个学生在具体的知识情境中运用概念的能力；然后才是考虑这一方法应用起来是简单还是复杂，是方便还是不方便。

考试有助于完成四个学习目标：促使教师明确教学目标；激发学生的学习热情；指引教师和学生努力取得好成绩；提供有效的学习练习。

2. 教师需要与学生交流的有关考试的信息

教师需要将"考试服务于学习目标"这一意义传达给学生。

课程开始时可以有条理地介绍考试的有关信息，介绍清楚学生想要了解的信息要点，包括：有多少次考试；什么时候举行；每次考试的成绩如何计分；最后的成绩如何计算。

学生参加考试的时候应该对考试的内容有清楚的预判。对考试的形式、题型、时间、占最后成绩的比重等信息的了解，有助于学生更好地表现自己。除此之外，学生还会想要了解更多的其他信息，包括教师对考试是什么样的看法，希望学生达到什么程度，如何看待最后的成绩。这些信息能够帮助学生将考试放在整个课程目标的大背景下，把考试看成是他们与课程内容进行交流的一种方式。

3. 恰当地向学生传达有关考试的信息

（1）在与学生交流有关考试内容的时候，教师要传达恰当的期望。教师谈论考试的时候，不要泄露考试会有些什么内容，可以解释考试如何促进学习目标的完成，帮助学生对考试建立恰当的认知。

在考试之前，教师需要传达有关考试的内容。但是要尽量避免以"为了考出好成绩，你们要知道……"这样的话来开场。这是一种暗示，似乎学习只是为了考试取得好成绩。这样还可能会导致进一步的麻烦，使学生不关心具体的知识内容，只关心"这个内容是否会在下次考试中出现"。关于考试复习课不可以说成是"我们要讲一讲下次考试的内容"，而要把它看成是教师和学生对有关概念和知识内容的重要性进行的交流。告诉学生将要花多少时间来上复习课，让他们事先确定想讨论的内容。

（2）不要让学生对他们应该知道的考试信息存疑。预先告知学生课程会采用何种考试形式。因为有些学生有途径看到过去的考卷，所以给所有的学生提供至少一份以前的考卷复印件会使考试显得更公平。考试的性质直接影响学生的准备、学习和钻研情况。考试形式和频率会直接影响学生学什么、学多少。如果学生认为你会主要强调对信息的记忆，他们可能就更倾向于投入大量时间掌握概念，综合多种资料，而且可能更倾向于到最后时刻再突击，这使得考试结束后他们可能很快就忘记这些内容。另一方面，如果测验要求对讨论的内容进行深度理解，学生也会做出相应的行为和反应。

(3) 回答以下问题有助于明确课程内容的重要性：

① 所有的课程内容都很重要，但是更本质的要点是什么？

② 课程知识建立在哪些基本事实的基础上？

③ 哪些概念对应用和实践至关重要？

这些问题都是教师需要回答的，对这些问题心中有数也能使教师很好地应付学生在课堂上提出来的一些问题，比如："如果今天讨论的内容要考试，你会以什么样的问题形式来考核？"这样，教师就可以顺势结合课堂讨论回顾知识要点，总结课程内容。

4. 上好考试前的复习课

学生经常会问教师："你打算花时间进行考试前的复习吗？"有时候这一问题更直白："你会帮我们复习一下要考的内容吗？"学生并不奢望知道考试题目，但是希望从教师那里得到尽可能多的信息。

来自学生的这种压力使许多教师怀疑考试复习课的目的和价值。是否需要在紧密的课程安排下再挤出时间安插一节复习课？上了复习课学生在考试中的表现就会更好吗？更重要的是，复习课会对课程内容的长期掌握有好处吗？复习课能帮助学生更好地减轻考试焦虑吗？复习课应该以什么样的形式出现？

(1) 考试前上复习课的两大理由

为学生上考前复习课有两个主要理由：它能够实现通过考试促进学习的目的；它能够很好地帮助学生减轻考试焦虑。

① 复习课通过澄清学生在考试中需要如何展示他们学到的知识内容，需要详细到什么程度，帮助学生更好地学习课程内容。而且复习课能够给学生提供机会练习考试所需的技能。

② 帮助学生减轻考试焦虑。一些学生考试前太焦虑，以至于考试

表现不佳。他们知道这些知识，也能够解答问题，但是考试环境的压力使他们无法展示出自己的所学。这些学生应该学习如何应付焦虑，如何在压力下表现自己。教师通过指导学生复习，通过鼓励，可以激发学生的信心。了解关于考试的信息，如知道题目的数量和题型能够帮助学生放松下来，将注意力集中到考试内容上。

(2) 上考前复习课的三种方式

考前复习课的形式可以多种多样，可以考虑以下三种常用的方式。

① 开放式问题课

教师只把自己当成是学生的提问对象，学生来确定进程。学生决定问什么问题，决定要复习课本的哪些部分。如果他们只有5分钟的问题，那么就是5分钟，复习课就到此结束。

这一方法确实能给学生提供机会弄清他们还不理解的内容，但是不能让学生了解不同学习内容的重要程度，而且这种形式很容易变成学生对考试细节问题的挖掘。致力于深入学习的考前复习课可能会在学生"会考……吗？"之类的问题中变味。

采用这种方式时，教师最好把设计聚焦于一些问题，重新讲述一些问题，或者让学生在复习课之前列出问题并递交上来。对这些问题进行讨论要优先于回答复习课上学生临时提出的问题。

② 模拟考试形式的复习课

在这样的复习课中，学生解答这次考试可能出现的问题，或者解答以前的试卷。教师可以鼓励学生讨论答题，或者通过查找笔记和教材来核对答案。教师进行总结的时候可以纠正错误。这种复习课是否有效依赖于学生答题是否投入，如果他们对题目进行了解答，就能通过教师的讲解学到更多的相关知识。这种形式的复习课能够让教师帮助学生根据问题规划学习时间，而且能够让学生学习一些应试策略。

这种复习课还可以让教师顺便传达一些关于试题如何评分的信息，帮助学生了解在答题的时候应该做到什么程度。

③ 综合性的知识复习课

复习课还可以使用综合知识内容的方式。因为学生在复习的时候，关注的焦点往往比较分散，他们关心公式、日期、定理、问题、定义、引文等自己认为考试会出现的内容。而在综合性的复习中，教师可以通过某种方式将这些零散的部分理成一条线，为学生提供一个知识的概观。

这一方法能帮助避免学生随机、无休止地询问。这样的复习课有教学计划，教师掌握课程的方向和步调，学生可以发问，而且也鼓励学生提问，但是他们所提出的问题都是在给出的大背景之下的。教师关注的是课程的内容如何被组织到一起，为什么要这么组织。

上考前复习课肯定还有更多的方法，并没有成规。但是，上考前复习课都要考虑一些细节，包括考前复习课的时间安排、是否要求出席率、是否让助教来负责等。这些安排要符合教师的目标，学生的准备情况，以及知识内容的特点。明智的考前复习课能够很好地结合学生对成绩的兴趣和对学习本身的兴趣，得到更好的教学产出。

5．通过考试促进学习

（1）考试不仅让你和学生了解他们学到了多少，同时还通过强调课程内容，或者通过要求学生用另一种方式应用或思考他们学过的内容，为进一步的学习奠定了基础。经常考试能够促进学习，提供有关学生进步的信息。经常考试并迅速返回考卷，与学生一起回顾考题，能够最大化地收获考试和反馈的好处。

> 考试并不仅仅是等级评定的工具，它还是有用的学习工具。挑战在于如何精心设计考卷问题，让学生应用他们所学的知识，而且是通过非线性的方式进行知识的应用。要让学生了解的最重要的事情是，在大量的信息中如何建立一个概念框架，以及如何确定什么是重要的，什么是无关紧要的。

（2）当考试评分结束，考卷也已经返还时，将一份考卷的复印件保存到你的档案袋中，标明哪些问题失分较多，哪些问题给学生造成了不必要的困扰，以及得分的分布情况。这个文件对你将来出考卷会很有帮助，同时也会帮助你注意到学生感到困难的内容。

第 104 问：如何设计一份好的考卷？

1. 好的考卷的共同特征

（1）考卷字迹清楚、表达直接，所有学生都能明白要问的问题是什么。

（2）不会把考核重点放在非课程核心的技能、知识或词语上。

（3）相对于考试时间考卷长度合适。

（4）考卷上有清晰的指导说明（可以在考试开始之前浏览）。

（5）考卷标明了每一部分的分值，这样学生可以根据情况分配自己的时间。

2. 设计考卷的一般策略

（1）对于基于问题或基于案例的考试，可以描述真实概念或技术的应用情境，或将几种概念整合到一个问题中，把问题设置得更为有趣。

（2）问题设置的难度应该分等级，第一个问题至少应该是一个能够让学生建立信心的问题，这样有些紧张的学生不至于在刚开始的时候就信心崩溃。

（3）避免"双重问题"（也就是一个问题的解决依赖于前一个问题的成功解决）。避免又长又详细的数值计算，考试应聚焦于观点，而不是考验耐性。

（4）拟好一份考卷的草稿时，将考试题目根据它们所要求的技能进行分类：信息记忆、解释、原理应用、概念分析、观点整合或评价。确信问题足够覆盖想要评价的技能领域。

（5）对于多项选择题，对问题小小的改动可以对高阶思维能力提出要求，也可以使其和课程的学习目标联系得更紧密。例如，不是让学生根据给出的定义识别正确的单词，而是让学生选择和你提供的案例最匹配的概念或词语。这就要求学生不仅知道词语的概念，而且能够使用这些概念去解释事件。

（6）一旦问题确定了，要更多考虑如何在卷面上排列这些试题。目标是分类简明、清晰，排版不杂乱。如果在卷面上给简答题或论文式题目留出了空白，需要意识到，学生往往会把你留出的空白理解成你希望这个题目答多长。

（7）设计好各种试题之后，让有经验的同事或你的助教帮助检查一下。他们常常能够指出你自己看不到的语句含糊之处或者印刷错误。一份考卷如果出现这样的错误会让学生很沮丧，因为他们本来认为你对如何来评价他们已经深思熟虑。

（8）自己先模拟做一下试卷，对大多数考题形式，你完成考卷的时间应该不超过学生完成该试卷所需时间的四分之一。也就是说如果一次考试的时间为 2 小时，那么你自己完成试卷的时间不应该超过半小时。

3. 考卷设计的检测清单

（1）学生准备好接受考试了吗？

可能的话，让学生能够获得以往的试卷。在考试之前表明你认为哪些资料重要。确保学生已经得到了考卷涉及题型的训练。

（2）考试反映了你的课程目标吗？

比较考试资料和教学大纲中的主题、授课提纲、课堂讲义，确保教学与考试的一致性。

（3）考试的长度合理吗？

自己先做一遍，你完成考卷的时间应该不超过学生完成该试卷所需时间的四分之一。使耗费时间的问题数量尽量少。

（4）考试的方向和形式清楚，并得到了很好的组织吗？

要求一位同事或助教朗读考试说明部分，帮助你发现任何不清楚或者有误导性的陈述。确保印刷清楚，如果某个问题有留白，确保留出的长度空间合适。

（5）每个问题的分值是否清楚？

确保每个问题的分值都很清楚。这样学生能够决定每个问题花多少时间。

（6）是否有叠加问题？

为了理解和解决某个问题，学生是否需要完成试卷其他的部分。

(7) 是否从建立而不是摧毁学生信心的问题开始？

对学生的考试焦虑抱有同情心，考试从难度合理的问题开始。

(8) 问题是否有趣？

尝试使用一些有趣的应用类题型，或者是整合了多种材料的题目。确保你是在挑战学生，而不是去迷惑他们。

4. 考卷的一般题型

对考试形式的选择应该基于你想要测试的学习产出。下面是一些考试形式以及每一种适用的基本原则，它们的有机组合能够得到平衡的考核方法。

(1) 论述题。给学生提供组织、评价和思考的机会，而且对许多学科来说，这种考核常常最具教育价值。但是它们也是最难评定等级的。使用这种考核形式时，确保自己或者其他评分者有时间也有毅力能很好地完成考试的评分。在考试之前，你需要与学生或其他评分者一起讨论评价的标准。

(2) 数学与科学题。通常由要解决的问题组成。数量和逻辑问题主要测量学生应用条件的能力。通过使用学生熟悉的问题和全新的问题（要求学生将他们练习过的内容扩展到新的应用情境），可以调整考试的难度和对学生的挑战程度。

(3) 多项选择题。是最难设计好的，但是它既可以用来测量对信息的识别，又可以用来测量对概念的应用。如果使用这种形式，就要仔细考虑将问题通过分段的方式来陈述。

(4) 填空题。主要考核对关键词语和概念的回忆。如果使用填空题，要愿意接受一些其他的合理答案，而这些答案可能是你考试之前没有考虑到的。

(5) 匹配题。对测试学生对词语与意思之间的联系或概念之间关系的认识很有用。使用匹配题要提供足够的答案选项，这样学生就不能够仅仅靠排除法来猜测了。

（6）简答题。能够测试回忆和分析信息的技巧。简答题与多项选择题的目标类似，但是需要学生去回忆，而不仅仅是确认正确答案。如果使用简答题，要让问题足够明确，这样学生能够确定要回答什么内容。

回家考试在一些国家逐渐得到广泛的应用，这可能是一种理想的方式，可以给学生提供更好的环境、更多的时间来思考问题。但在采用这种考试方式之前要明确说明，学生是否可以互相讨论他们的答案，是否限制各种资料的使用（例如：是只与课程材料有关？还是要用到图书馆的资料？或者需要获得课堂外其他人的意见？）。一种可选的策略是提前给出考卷，允许学生之间咨询交流，但是在课堂上不能参看笔记答题。

第 105 问：客观测验的整体优势是什么？
选择题型需要注意什么？

客观测验是一个总称，它包括各种各样的测验，这些测验的共同特征是答案的客观性。一种典型的客观测验题型是选择题，其他经常充当客观测验题的是判断题和匹配题。客观测验的特征是评分信度高，评分快捷，教师时间利用经济，能够测量大量的内容领域。客观测验还可以用来形成自己的问题库，从长远角度进一步减少准备考卷的时间。但这些优势同时导致人们对客观测验过分依赖，不能批判性地利用它们。

下面将提供一些详细的题目设计技巧，你可以根据自己工作的需要进行选择性学习。

设计客观测验题时，你需要了解并决定使用何种题型，在客观测验题型中，建议尽量使用选择题和判断题，避免使用更复杂的匹配题型，因为在一些测验中，这样的题型会使考试变得更像是智商测试，而不是对课程内容的考核。

第 106 问：如何设计选择题？

1. 选择题的优势与不足

单项选择题一般有一个题干，四个选项。有一个选项是正确的，而另外的选项都是迷惑选项。单项选择题和判断题相比的一个优势在于降低了猜测的命中率。如果所有的迷惑选项都能起作用，它的猜测命中率是 25％，而判断题则是 50％。但遗憾的是，聪明的学生往往能够排除一两个迷惑选项再来猜，而迷惑选项的效果往往考试后才能看出来。

更复杂的多项选择题得到广泛运用，是因为它能够针对一个题干或话题询问一系列问题。每个问题都可以进行独立评判，评分的时候可以在完全正确的情况下才给分，或者根据正确部分给分。多项选择题的主要优势有：

(1) 能够用来测量所有水平的学习，从知识到评价。

(2) 能够评价从各种来源整合信息的能力。

(3) 能够诊断学生的困难所在，错误选项的选择能揭示出同样的问题。

(4) 能够为考试后的讨论讲解提供很好的基础，尤其是讨论为什么迷惑选项是错误的，正确的选项才是正确的。

多项选择题还具有判断题、匹配题等题型共有的优势：

(1) 能够提供更综合的案例，提出更多的问题。
(2) 适用于广泛的内容和难度。
(3) 对学生回答问题的时间要求相对短。
(4) 容易评分、评分精确。

多选题的不足有：

(1) 容易遭到学生的误读，一些学生会在问题中读出更多非题目本意的信息。
(2) 可能会显得对学生过于挑剔，尤其是当选项设计得太好时。
(3) 当用来测量高级学习技能时，对阅读能力和解答能力要求都很高，导致学生产生焦虑。

多项选择题和其他选择题型还有一些共同的不足：

(1) 拒绝提供选项之外的回答。
(2) 为了让学生达到同样的理解，句子组织的难度大。
(3) 有效的题目设计需要花费大量时间和脑力。
(4) 用来测量事实性知识的习得情况时，出题太容易，以至于常常被滥用。
(5) 不适于用来测量态度，这方面的选择题常常会成为"伪问题"。
(6) 鼓励猜测，因为不管怎样总有答案是正确的。

2. 使用多项选择题的合适时机

了解多项选择题的优势和劣势能够帮助教师更好地决定在特定的测验中是否要选用，以及如何解读学生的答题选择。以下情况使用多项选择题能更好地发挥其优势。

(1) 测量学生学习的广度时。选项能涵盖更多的问题和更多的内容，同时只需要用更少的时间来回答。

（2）测试不同的学习水平时。选项的设计非常灵活，能够用来测试布鲁姆分类的所有水平，想要测试批判性思维能力和问题解决能力时，不要低估多项选择题。

（3）考试学生的数量众多时。学生数量多时，多项选择题很有效，可以节省教师大量的阅卷时间；但班级规模很小的时候，不值得花那么多时间去设计有效的多项选择题。可以考虑是否有其他的题型符合测验目的。

（4）有时间设计题目选项时。有效的多项选择题在一个题目中能够测试更多的事实性知识，但是也需要花时间和精力去设计。如果没有时间，选择其他类型的试题可能会更好。

（5）没有时间评分时，选择题是最好的选择。有时教师可能需要花上一个小时设计出一道好的题目，但是不用一秒钟就能批改好。

（6）当学生是否能自己组织好一个正确的、可接受的答案不那么重要时。需要学生自己组织答案时，多项选择题就不合适了。

3. 使用多项选择题对教师的前提条件要求

出好选择题可以从以下几方面着手。

（1）应该彻底掌握要测验的内容，不仅要了解该领域中的概念和规则，而且还要知道通常的谬误所在。

（2）应该制定一套教育目标，以此来清晰地指导自己的教学，帮助学生学习。只有认真地考虑清楚希望学生习得什么，才能对他们的学习进行精确评价。因此，要制订一份考试计划表，依此出题。对于大部分测验来说，一个两维的表格就足够了。一个维度列出希望测试的内容领域和单元，另一个维度列出希望测试的不同习得水平，如理解、应用，以及高阶认知目标。还应该确定每个内容领域和每个知识习得水平分配的比重。最后出题时，要计算多少题目符合计划表的内容，确保测验覆盖的内容符合你的初衷。表 5-6 为学习水平设计表示例。

表 5-6　学习水平设计表示例

课程内容	不同习得水平		
	理解	应用	高阶
A	5%	10%	10%
B	5%	20%	10%
C	10%	20%	10%

（3）了解将要应考的学生，目的是为了恰当地调整题目的复杂度和难度，使测验能够让学生很好地展示出学到了什么。

（4）应该成为书面交流的高手，能够使用学生了解的语言进行简单、精确的交流。

4. 设计多项选择题的技巧

下面这些设计多项选择题的建议是众多经验和智慧的结晶：

（1）将出题的工作分散来做。考试前一天晚上才开始出题是不明智的，你需要设计题目，还需要对题目进行检查和修订。如果能在每节课结束之后根据课堂内容及学生的学习情况设计一两道题，这样的题目可能更具代表性。

（2）使用便笺纸出题，这样能更好地根据你的考试计划表调整题目对应的内容部分，修改题目或删除一些题目。通过电脑来做这件事也很方便。

（3）设计考核高阶思维能力的题目时，避免设计的题目只能对基础事实性知识的记忆进行考核。许多教师（尤其是那些在考试前一天才开始出题的教师）容易掉入这一陷阱，而且会把学生也拉入学习的陷阱。

（4）先写题干，题干应该描述一个完整、明确的问题，或者是一个留空的陈述。问题应该是课程的重要内容。

（5）着重评价学生的理解、应用、综合、分析和评价能力。设计问题来评价这些高阶认知能力很难，但是如果你希望学生具备批判性思维能力，测验就要突出这方面。学生的倾向是学习"要考试的内容"，甚至只学习要考试的内容。

（6）问题的陈述要精确、完整。需要学生回答的内容要很明确，而且学生不必阅读完所有的选项就能够知道题目要考核的问题。一般情况下，直接的问题往往比留空陈述的问题更清晰。

（7）设计的选项要包括判定一个问题的所有重要信息，删除那些只是用来凑数的无关内容。

（8）避免对选项的不必要重复。可以在题干中涵盖尽量多的信息。

（9）陈述问题或提问的时候使用肯定句式。否定句式的使用会使学生感到迷惑，而且那些焦虑的学生往往会漏读"不"这个字。在不得不使用否定形式的时候，使用粗体、下划线，或者通过大写的方式来突出这一信息，不要使用双重否定形式，如在题干中出现一次否定，在选项中再出现一次。

（10）写下题干之后，写出正确的或最好的回答。正确答案的陈述要尽可能简短，并且没有歧义。使用题目之前可以让同事或以前的学生讨论一下，避免出现理解困难。

（11）不要让正确选项比迷惑选项的句子更长。写好选项后比较它们的长度，必要的话再进行编辑。

（12）写好正确选项之后再写迷惑选项。

（13）让所有的迷惑选项看上去都像是正确的回答。

（14）注意要使用学生熟悉的词汇描述迷惑选项。

（15）使迷惑选项互相区别，避免选项重叠或者一个包含另一个的内容要素。如果迷惑选项太相似，聪明的学生就会使用这一线索排除掉一群雷同选项。

（16）注意语病或可能出现的常识性错误。删除所有可能让学生在不知道具体选项内容的情况下，就能够判断正确与否的无关因素。

（17）注意使用特殊的判断词。如"所有""从不""总是"或者其他的总括性词语，这些词语往往暗示答案是不正确的。类似的，修饰语如"经常""有时""可能"更有可能是正确答案。不时打破这一考试规律，避免学生猜答案。

（18）谨慎使用"以上都不正确"选项。类似的选项还有"以上都正确""A和B选项都正确"。因为当正确答案只有一个时，这样的选项就会成为一个很有用的推断线索。为了让这样的选项发挥作用，有时需要把它们设置成正确答案。

（19）如果选项之间确实存在逻辑顺序，将它们按逻辑顺序编排。

（20）此外，选择题的排版要注意以下方面：

① 每个选项独立占一行，便于区分。

② 用大写字母标明每个选项。

③ 确保正确答案随机分布。例如，如果你习惯于将正确答案设在"B"选项，聪明的学生很快就会发现。所以有必要的话，可以重新调整一下选项的顺序。

第107问：如何设计论述题？

论述题是唯一可以用来评价学生是否具备评述问题的能力，以及是否具备有效语言表达能力的方法，同时它还可以间接地测量学生的态度、价值观和观点。论述题得到广泛应用，还因为在高等教育中，书面写作和思想表达被认为是非常有价值的学术活动，而论述题正可以用来促使学生发展高等教育所期望的学习习惯。

虽然相对而言论述题的作业很容易布置，但是批改起来却很花时间。要谨慎地使用论述题来考核，因为它可能会导致潜在的不可信的评分。不同的批卷者对同一份考卷的评分可能会存在显著差异，甚至同一个批卷者之前的评分和相隔一段时间之后对试卷的重新评分也会存在显著差异。

1. 论述题的分类

论述题一般分为两种类型。一种是开放回答题，在这种问题中，学生运用相关知识和技能来组织、证明自己的观点，并且使用条理清楚的语言表达出来。这种题目适于用来考核高阶知识目标的完成情况。

开放回答题范例：请比较高等教育中的论述题测验和客观题测验。

另外一种论述题为限制回答题，这种问题对答案和答案的组织设定了明确的边界。这类题目适于用来考核低阶的客观知识掌握情况。优点在于能够减少评分中可能出现的问题，同时也使得评分更可信。

限制回答题范例：请说出高等教育中论述题测验和客观题测验的优势和劣势，按照以下几点展开：(1) 效度；(2) 信度；(3) 可行性。

2. 论述题适用于考核的知识和技能水平

论述题可以考察不同的智力水平。以下是三个简单的例子。

(1) 回忆基本原理：请说出评价方法必须满足的三个基本要求。

(2) 分析：为什么学生对考试会存在那么多的不满？

(3) 评价:"如果我们认为告诉孩子们他们应该学习什么是我们的责任和权利,他们不可能在学校里进行真正的学习",请对这段话进行批评或辩护。

3. 论述题的设计技巧

如果你打算在考试中使用论述题,建议注意以下要点。

(1) 提出的问题能够引出教学目标所期望的反应。

(2) 提问使用清晰的指令性词汇,如"描述""比较""评论""解释"等,如果使用"讨论",则明确指出要讨论哪些点。

(3) 提供清晰的问题框架,以便获得所期望的学生反应。例如,应该说"请说出在课程学习中使用小组教学的好处"而不是"请讨论小组教学"。

(4) 设置更多的问题要求简短回答,而不是设置少量问题要求长篇作答。这样能更好地对课程内容的掌握情况进行抽查,避免出现要选择根据数量还是根据质量进行评分的两难。这样还会提高测试的信度。

(5) 保证所有的学生都回答相同的或等同的问题。设计难度相等的可选问题很困难,但如果学生回答的问题不等同,就没有办法对学生进行有效的比较。

(6) 准备评分系统。在评分分析法中,要准备好一个要点清单用来分配分数,如"论据符合逻辑""表达通顺"等相关因素可以考虑包含在要点中。

(7) 论述题的评分要点。

给论述题评分时请注意以下几点。

(1) 采用一致的评分标准。

(2) 一次性完成一个题目的打分,或者为每个论述题分别分配评分人。

(3) 对同一个问题进行评分时最好不要中断。

(4) 最好每个问题有两个独立的评分人,将他们评价的结果平均一下,或者至少抽查评分样例,确定评分的一致性。

不仅是论述题,而且其他课程学习过程中的书面作业也可以使用以上技巧来提高评价的质量。使用表 5-7 所示的评价辅助表也可以提高评价质量,但具体的维度和内容还需要根据你的特殊需求进行调整。这个表格不仅可以给学生提供非常有效的反馈,而且可以在课程之初就附上答案范例,向学生表明希望他们达到的标准,这样也有利于之后的评分。

表 5-7 论文或论述题评价辅助表

学生姓名:_____	作业等级:_____
(使用的时候在对应的框中打钩)	

结构	← →	
论述与话题相关		论述与话题无关
话题阐述有深度		话题阐述肤浅
论据		
精确地展示了证据		大量证据不精确或存在疑点
论据得到有逻辑的组织		论据离题或缺乏连续性
体现出原创性、富有创造力		没有原创性的思考
风格		
书写流利		书写不通顺
书写简洁		不必要的重复

续表

表达				
清晰易读				凌乱，难以阅读
长度合理				过长或过短

资料来源				
参考了足够的资料				对资料的参考不足
正确地引用了文献				错误的文献索引

书写与排版				
语法正确				多处病句
文字拼写正确				多处错别字
有效使用图表				没有用图表来表现论据
正确使用数量单位				有一些单位错误

说明：
(1) 没有打钩的部分是这次作业不涉及的部分。
(2) 不同维度的重要性不同，因此权重也不尽相同。打钩的位置和数量与最后的作业等级并不存在简单的数量关系。
(3) 作业等级分为：杰出、优秀、合格、不合格、非常不合格。
(4) 在左边第一栏打钩，说明符合左边的陈述。在左边第二栏打钩，说明部分符合左边的陈述。右边也是如此，最右边的钩说明报告在某些方面还存在不足。

对评分的解释及作业评论：_____
_____
_____

第 108 问：如何使用简答题？

1. 简答题的适用领域

对于时间固定的考核，简答题比论述题更合适。如果评价的目的之一是覆盖广泛的知识面，简答题有显著优势。另外，简答题不像选择题那样，不是从既定数量的选项中选择或猜测答案，而是要求学生提供答案，避免给出答案线索。简答题主要的限制是不适于用来测量复杂的学习产出。

2. 简答题的设计技巧

（1）直接的问题陈述比表述不完整的填空题更合适。
（2）如果答案需要用数字来表示，明确数字的单位和精确度要求。
（3）准备一份结构化的评分表。
（4）为可以接受的答案给出全部或部分分值。

3. 简答题的评分要点

（1）一次性完成一页问题的评分。
（2）最好为每页的问题分配不同的评分人。
（3）虽然简答题很容易批改，但是重要的是评分者要提供结构良好的评分点，尤其对那些正确答案可能不止一个，或者包含了一些解题过程的问题。

明确给分点很重要，一群评分人可能会给表 5-8 所示的作业从 0 到 10 分的不同评分。给出 0 分的人会认为这道题做错了，所以应该给

0分，给其他分值的人会认为这道题的其他部分都做对了，因此应该给一定比例的分值。通过这个例子，可以认识到，建立评分标准来避免这类明显的评分信度问题非常重要，即使对一个答案似乎显而易见的题目也是如此。

表5-8　作业样例

269× 　　　　　　23 　　　　　――― 　　　　　787 　　　　　5380 　　　　　―――― 　　　　　6167
请给以上计算0～10分中的分值

第109问：使用判断题需要注意哪些要点？

判断题容易设计也容易评分。如果你打算使用判断题，请注意以下几点：

（1）确保问题重要、与课程相关，问题难度对被测人群适宜。

（2）使用简短、清晰的陈述，而且只涉及一个观点。

（3）确保陈述确实是对的或错的，不存在含糊之处。

（4）避免在题目中出现暗示正确答案的词语，如"有时""经常""从不"。

（5）确保正确和错误的陈述句子长短相同，以差不多的字数出现。

（6）避免陈述以否定或双重否定句的形式出现。

第110问：如何使用情境问答题？

我们可以通过复杂的题干，要求学生在选择答案之前先做一定的分析。这种问题有时被称为基于情境的多项选择题。它提供一定的刺激性材料，并在此基础上提出一两个多项选择题。提供的材料可以是图表、一段话、数据表、一篇文章或一个报告中的某段结论、照片等。当你想要测试学生的高阶思维技能，而不是对事实性知识的回忆和复述时，这种方法非常有用。表5-9为情境题样例。

表 5-9　情境题样例

为了准备一个考试说明表，需要做以下工作：   1. 新建一个表格，在左栏中填入内容领域，学习产出填入表格顶端   2. 确定要测试的内容领域   3. 根据教学所花时间，确定不同内容领域的权重   4. 根据重要性相关情况，确定学习产出的权重   5. 确定行列的总和分别为100%   6. 根据重要性相关情况，选择学习产出   7. 将测试题目均衡分配到这些单元格中
那么这些步骤最合理的顺序应该是：   A　1—2／6—3—4—7—5   B　2—3／6—4—1—7—5   C　2／6—1—3／4—5—7   D　2—6—3—4—1—7—5

第 111 问：如何整合一份考卷？

这是出考卷的一个难点，必须基于课程目标认真完成这个任务。

（1）首先需要准备一个计划或一份考试说明，明确课程测验要涉及的主题。

（2）根据主题的相对重要性，给每个主题分配一定数量的问题。

（3）给每个主题挑选题目，选出那些覆盖了课程最多领域的题目。这一步完成后可以让同事来检查问题的质量，避免个人偏见影响题目的选择。

（4）你可能会发现，有些主题下问题的数量和形式不足，这就需要再补充一些题目，时间有限时，可以请同事一起来做这项工作。

（5）题目都写好了以后，需要给它们排好顺序。同一个主题的题目放在一起会减轻学生的迷惑。

（6）检查一遍，确保正确答案随机分布，如果没有，则调整选项的顺序。

（7）保证考卷开始部分的"考试说明"清晰、精确。

（8）考卷打印的时候要按照要求的格式，满足安全保密的需要。

（9）考试的时候如果临场发现考卷错误会导致学生情绪波动，所以一定要事前对考卷进行仔细的检查。

（10）最后，将考卷印刷好并安全地封存起来直到考试。

第 112 问：如何汇总评价结果、得出最终评价？

在一些重要的考试中，要求在用不同评价方法得出分数的基础上报告一个最终分数或等级。通常做法是简单地将这些分数相加，或者平均各分数得出最终成绩。这样做很简单，但是可能会带来严重的歪曲，原因是每个小测验的知识分布不同、问题数量不同、难度不一样，对每个部分赋予的权重也不一样。解决这个问题的办法是对每个原始分数计算标准分。

第113问：为什么要保存学生成绩记录？

保存对每个学生所做的全方位的评价记录。在有必要的情况下，这些记录可以让你更容易判断或重新得出一个学生的最终成绩。包含在最终成绩里的要素可能包括出勤率、参与度、课外答疑数量，以及每次考试和作业的成绩。你可能还要将这些记录保存数年，因为学生可能还会来询问，或者完成未修完的课程，或者请你帮忙写推荐信。

保存记录是比较花费时间的。对当前记录的范围和类型进行反思是有益的。下面一些相关问题常要考虑：

(1) 为什么要这么做？
(2) 是为谁而做的？
(3) 它确实与初衷相吻合吗？
(4) 所搜集和记录的数据发生了什么变化？
(5) 是谁在使用它，为了什么目的？
(6) 可以对其进行更合理的组织以节省时间和精力吗？
(7) 要用计算机记录吗？

第114问：如何给出评价反馈？

1. 为学生提供评价反馈的指导性意见

以下为一些指导性意见。

(1) 学生提交作业和得到反馈的时间间隔应尽量短。
(2) 平衡正面的评价和负面的评价。
(3) 明确指出学生应该如何提高。
(4) 鼓励学生自我评价。
(5) 当作业和评价与标准相关联时，向学生澄清标准。

研究发现，当教师的反馈很快，明确指出什么是正确的，什么是错误的，并能够清楚地被学生所理解时，反馈最有效。

2. 考试结果的反馈技巧

将考试结果拿到班级之前，考虑好要说什么。有关试卷的讨论应该建立在考试的目标上，如经过这个阶段，学生应该掌握什么内容。例如，试卷分析课可以聚焦于前阶段学习了什么，或者对学习内容进行总结，并过渡到下一阶段要学习的内容。如果大量学生都在某个题目上犯错，而且教师认为这个题目很能反映学习内容，则需要就此方面的内容进行详细讲解。对试卷的讨论应该引向对学习策略的考虑，帮助学生确定对课程内容最有效的学习方法。

(1) 考试结束后要尽快评分，要指出好的答案和不正确或不足的答案。如果考试整体的成绩都比较低，教师需要特别指出答得比较好的例子，以鼓励士气。

(2) 反馈表达要精确，让学生了解评语的含义。而且，教师的评语不要附加个人的情感，因为试卷发下来，很多学生常常只关心教师写了什么评语，而不去看他们自己做过的题目。

(3) 评语应该出现在试卷的空白处，不要压住学生的答案，否则，学生可能会认为教师阻止他们再阅读自己的解答，或者认为教师缺乏对他们观点的尊重。

(4) 大班可以考虑用机器评分，但是数据不能解释为什么学生都做错某个题目，有时，看看真实的试卷能够得到更多的线索。用机器进行评分的教师应该考虑亲手批改一些考卷，以便找出学生如此答题的原因，并且能够给出一些个人的反馈。

(5) 教师还应该了解评分过程中留下的痕迹所隐含的信息。例如，在论述题的批改中，教师可能会在阅读过程中在关键词和句子下做标记。这一做法往往会强化学生的错误认识，认为正确的答案是因为提到了这些词语或句子，而不是论述的整体组织，或者具体说了些什么内容。

(6) 在对考试结果的讨论中，教师设定的交流方式和对讨论的心理定位也很重要，它们是使讨论的过程成为一次有效学习经验的重要因素。教师要创造出一种交流的氛围，对考试结果的讨论需要更倾向于描述而不是评价，避免直接评价，如"你没有明白这个问题"，要描述学生应该如何做，如"结合上下文来阅读这个问题，想想我们曾经在课堂上讨论的要点，这些能够帮助你更清晰地理解如何回答这个问题"。如果教师处于强势地位，教师的评价往往容易让被评价者形成紧张的、防御性的心理。考试本身已经给出了评价，教师没有必要强化这一评价的断定性。如果学生感觉到讨论的意图是为他们提供更多的信息，支持他们的学习，就会听取讨论的意见，并且从交流中受益。而如果学生感到讨论的焦点是评判，就会消极、不参与，甚至带有敌视情绪。

(7) 在对考试结果的讨论中，教师需要保持开放、自然的心态，而且必须发自内心而非假装。教师对讨论话题的一些诚恳的、中肯的回应能够创造一种支持性的氛围。在交流中，教师如果表现出对其他答案的赞赏态度，就能够让学生自由地分享他们独特的解题过程。通常学生只有在充满信任的环境中才愿意冒险发表自己的独到见解。

3. 通过问卷获得信息反馈

不仅仅是教师对考试给出反馈很重要，获得来自学生的反馈也同样重要。有一些反馈已经包含在学生的答案中，但是教师还可以通过其他方式获得更多反馈，如可以在试卷后附上下面这样的问题：

（1）你是否在考卷上看到了预期的内容？

（2）你对这些问题问的是什么清楚吗？（列出你不清楚的问题序号）

（3）你对自己大部分问题的回答满意吗？

这一策略不仅能为教师提供关于这次考试的反馈，而且强化了师生紧密团结投入学习的宗旨。最后，它还给学生提供了一次机会，让他们不仅接受成绩，而且对自己的学习状况进行评判。表5-10是学生对考试的评价调查表。

4. 处理对考试评分的异议

偶尔会有学生对测验分数或最终等级提出质疑。认真地倾听学生的意见很重要。因为有可能是你加错了分，没有看到答案，或者是不能辨认试卷上的书写。如果不是你的错，应该坚持原有的判分。大部分学生希望你给的分数与之前所定的规则相符合，你陈述得越清楚，越容易检查、判断评分是否合理。如果某些学生只是投机，你也不打算重新给分，让学生解释他们认为评分的问题在哪里，然后让他们把评好分的作业留下。这样不仅使你自己有时间再检查一下评分，也给了通常有些激动的学生冷静下来的机会。

表 5-10　考试评分调查表

第一部分：请在以下每个问题后的横线上写下相应的答案。 　　1. 你预期会出现的考试内容出现在试卷上了吗？　　　1. _____ 　　2. 你清楚地了解问题所询问的内容吗？　　　　　　 2. _____ 　　3. 列出你认为问得不清楚的问题的序号。　　　　　 3. _____ 　　4. 你对自己大部分问题的回答满意吗？　　　　　　 4. _____ 　　5. 列出你不满意的回答的问题序号。　　　　　　　 5. _____
第二部分：你认为以下陈述是否符合实际情况，请为它们评分，这个评分应该反映你认为这次的考卷多大程度上完成了每个目标。 　　1. 考试反映了教材内容。　　　　　　　　　　　　 1. _____ 　　2. 考试反映了授课内容。　　　　　　　　　　　　 2. _____ 　　3. 考试与课堂讨论有关。　　　　　　　　　　　　 3. _____ 　　4. 考试对你形成了挑战，让你创造性地思考。　　　 4. _____ 　　5. 考试包含家庭作业中学习的概念。　　　　　　　 5. _____ 　　6. 考试使你更有动力去探索那些你之前认为 　　　 理所当然的观点。　　　　　　　　　　　　　　 6. _____
第三部分： 　　1. 考试的哪个部分最挑战你的思维？请解释。 　　2. 考试的哪个部分对你的思维最没有挑战性？请解释。 　　3. 如果要再考一次，试卷内容只能够保留一部分，你会选择哪个部分？请解释你的选择。 　　4. 如果要再考一次，试卷内容只能够改动一部分，你会选择哪个部分？请解释你的选择。
第四部分： 　　1. 给这次考试评分，根据它的形式、内容和公平性用 5 分制来评定它的等级。 　　2. 你觉得自己考得好吗？猜想一下你可能的得分。

　　考虑实行"再评分"制度，让学生在有限的时间里（如一个星期）能够回顾一下他们的试卷，提出重新评分的要求，并对他们的重新评分要求给出书面解释。这个策略在鼓励学生回顾考试内容上有好

处,能够避免学生对评分任性地抱怨,并且能让学生细心地检查他们的回答。

第115问:如何为学生写推荐信?

最令人愉悦的评价任务之一就是给自己的学生写推荐信。推荐信不仅是评价学生的表现、对你的研究的贡献,或是未来的潜力,而且是为他们达到个人目标或职业目标提供直接的帮助。

学生请你写推荐信可能是出于申请研究生、暑期实习、全职工作的需要。首先问问自己,你是否足够了解学生,能够写下很有帮助的推荐信。你对该学生的印象怎样?在写信的过程中你能否做到诚实?如果你想有所保留,直接告诉学生,并且解释为什么他们要求其他人写更好。如果你对学生有一个积极的印象,尽力了解需要的有关信息以便写出引人注目的推荐信。

以下是写推荐信时需要注意的一些要点。

(1)与学生做好约定,让学生带来自己的简历、成绩报告单或其他作品以及自我陈述。这些材料能够提供关于学生背景的信息,另外还可以由此了解他们在课堂外的兴趣和活动。

(2)会面时更多地询问学生的目的(例如,你为什么要去研究所?为什么要去做全职的报纸新闻记者?你的长期职业目标如何与此相关联?),更好地确定推荐信的内容和重点。

(3)让学生提供推荐信的邮寄信息,包括人名、完整的地址,以及这封信需要何时寄出。

(4)见面后尽快开始写推荐信,因为这时信息在你的脑中还是鲜活的。否则,你会为自己那么快就遗忘非常重要的细节而感到惊讶,而这些细节对形成一封有力的推荐信非常重要。

（5）使用标准的业务信件格式（可以是你所在院系的标准信笺或由申请机构提供），学生申请研究所的推荐信通常为一页长度，包括以下信息：

① 与申请者的关系，以及认识他的时间有多长。

② 申请者技能的详细信息，你所负责的工作中他的作品情况，优点和缺点，以及任何可能对申请者的表现有帮助或形成阻碍的方面。注意语言生动具体，但不要浮夸。你希望让学生得到应得的，但是也要保持自己作为一个推荐人的可信性。

③ 说明以上信息和学生的研究项目或工作选择的关系。当推荐信是写给未来的雇主时，将学术技能转换成业务技能描述（例如，学生使用图书馆设施进行独立研究的能力表明其具有好奇心、有创新性，并具有独立工作能力）。强调个人潜质，以及为什么该人选是某工作或研究所项目的合格对象。

④ 你的头衔以及可以联系到你的电话号码或地址。

为曾经帮助培养和辅导过的学生写推荐信是一次非常有益的经验。把推荐信的复印件保存在教学档案里。雇主可能会打电话来询问一些信息，学生可能还会来要求你再写其他的申请信，或者还可以用来给其他学生写类似的信件时参考。你可以要求你的学生及时告知他的申请情况以及最后的选择。虽然最后的结果不会很清晰地表明你的推荐信是否有帮助，但是好消息会让你保持动机为更多的学生提供帮助，而且学生也会对你的关心心存感谢。

第 3 节 教师评价

第 116 问：为什么要进行教师评价？

要回答为什么评价教师这个问题，最终的答案当然是改进所有对学生的教育行为。虽然最终目的相同，但不同团体对于为什么要进行教师评价这个问题有不同考虑。

不同角色关心的基本问题取决于它们与教学业务的关系，以及它们对外部团体所负的解释任务。例如，教师希望获得学生群体的效果反馈，所需的信息是具体的、局部的，并且能用来调整教师以后的教学行为。学校校长和教务部所提的问题与学校全局政策相关，如"谁正在做贡献及贡献到何种程度""谁需要帮助和为什么需要帮助"。教育系统的高级官员负有更广泛的责任，关注学校项目在多大程度上反映了政府的政策。

表 5-11 列出了有关教师评价的三个角度。

表 5-11 不同角色关心的教师评价问题

供个别教师使用的问题	供校长或教务部使用的问题	供教育系统使用的问题
我将做什么？	教学任务完成了吗？	学校在检视政策和课程以确保两者相关吗？
	完成得怎么样？	
	需要改变什么？	

续表

供个别教师使用的问题	供校长或教务部使用的问题	供教育系统使用的问题
我如何做？	哪些教师表现好？	学校计划的具体细节能够向家长和社会公开吗？
	谁需要额外的支持？	
	谁需要专业的发展？	
	谁应该受奖励？	
	谁不能胜任？	
	可能的解决方法是什么？	
什么事我做得很好？	学校政策实施了吗？	学校计划反映了政府的优先考虑吗？
	怎样授权和协调工作？	
什么事我能做得更好？		教师在有效地承担他们的职责吗？
我可以向谁求助？		
学校会怎样支持我正努力去做的事？		

然而，尽管不同的群体有不同的优先考虑，在实施教师评价的主要原因方面还是有很大的一致性。这些原因可以总结为：认可教师成绩；教师获得更多关于自己的信息；获得课程设计和实施的信息；为学校总体规划提供信息；为教师提供专业发展的机会；为了实施更科学的管理；增强责任感。

值得注意的是，教师评价不能代替作为教师所获得的经常的、非正式的反馈，它也不应该以一种会导致与其他教师关系恶化的方式进行。

第117问：教师评价一般包括哪些内容？

教师评价可能包含下列一个或多个方面的内容。

（1）教师的行为：教师在教室里的行为及其教学环境。

（2）教师与同事合作及在团队工作中的行为：学校的环境，以及管理规定如何加强或限制教师的行为。

（3）学生的行为和经验：学生的活动，学生之间以及师生之间的互动。

（4）学生的学习结果：用非正式（如观察）和正式（如书面测验）的方法获得的信息。

最常见的教师评价仍然是对教师教学效果的评价，表5-12为某大学教育咨询中心学生评价教学问卷样例。这份评价教学的问卷样例涉及课程及教师评价维度，如果需要对其他维度进行评价，可以参考样例，根据自己的需要设计相应的选项。

表5-12 学生评价教学的问卷样例

| 本问卷用于了解你对所讲授课程的教师和课堂内容的看法，请准确地回答每一个问题。如果你觉得无法回答某个问题，那么请不要作答。回答是匿名的，请圈出最接近你的看法的描述。非常感谢参与这次评价。 |

第一部分
1. 你觉得课程的内容如何？

非常正面	正面	中立	负面	非常负面
1	2	3	4	5

续表

2. 综合考虑，你如何评价这位教师作为高校教师的水平？

非常缺乏	缺乏	满意	优秀	非常优秀
1	2	3	4	5

3. 你觉得这门课程的负担如何？

非常轻	轻	合理	重	非常重
1	2	3	4	5

4. 你觉得课程的进度如何？

太快	快	基本合适	慢	太慢
1	2	3	4	5

5. 你觉得这门课的难度如何？

非常容易	容易	合理	难	非常难
1	2	3	4	5

第二部分

请指出你在多大程度上同意或不同意以下说法，请写出相应的数字。

	强烈同意	同意	不确定	不同意	强烈不同意
课程特点					
我了解课程内容	1	2	3	4	5
课程的组合很拙劣					
课程具有挑战性					
评价方法公平					
课程资料准备得很好					
提出的目标得到了执行					
我学习了一些有价值的东西					
推荐的阅读资料有助于理解课程					
教师特点					
交流沟通有效					
教学方式使记笔记困难					
教学有热情					
激起了我对这个学科的兴趣					
对学生有兴趣					
在课外也易接近					
鼓励学生表达观点					
讲课有条理					
自信					
表述清晰					

第三部分

6. 你对教学或课程改进有何建议？

再次感谢你回答这份问卷，请按照要求上交。

第118问：教师自评应该考虑哪些方面？

教师自评应该围绕教师在教学、研究和参与学校及社会活动方面展开，通过自评，教师可以反思自己所做的努力及其成效，尝试站在学校管理者、学生、社会的角度思考自己的行为。自评的目的是改善自己的工作，教师也可以把自评的结果提供给学校进行教师评价的机构或委员会，供其参考。下面是一些教师自评维度，可以帮助教师更好地反思自己的工作：

(1) 我对学校有多尽职？

(2) 我是否经常给予学生和同事充分的赞扬和感谢？

(3) 作为学校职员，我完全参与到与工作有关的正式和非正式讨论中了吗？

(4) 我的评价方式对促进学生进步的效果如何？

(5) 我如何确保学生拥有平等的机会？

(6) 我是否致力于营造有益于学习的班风？

(7) 我是否参加培训以提高我的专业能力？

(8) 我是否阅读最新的出版物？

(9) 我是否将我的知识技能传授给同事？

(10) 我如何反对城乡偏见和性别歧视？

(11) 我将任务和学生的能力匹配好了吗？

(12) 作为学校团队的一员，我为了实现学校共同目标而工作的效果如何？

(13) 我为学生提供了什么样的通过直接经验学习的机会？

(14) 我是否经常注意倾听那些把与我交谈看得很重要的学生，而不打断他呢？

(15) 在创设温暖、关爱、幽默的环境方面我有多积极？

(16) 我如何适应学生和环境变化的需要？

(17) 我在多大程度上珍视家长和社会用人机构的帮助和意见呢？

第119问：教学档案袋一般有哪些内容？

教学档案袋是一种有价值的评价方法，它适用于评价从初任教师到熟练教师的所有层次的教师。教学档案袋的内容可能包括：仔细挑选的有关被评价者某阶段内的教学成果；被评价者最好的工作事例；一些学生作业的实例；被评价者的反思性评论。教师可以建立自己的教学档案袋，积累一段时间，教师会发现这是反思和提高自己教学效果非常有用的工具。

第120问：如何使用课堂观察对教师的教学进行评价？

课堂观察能获得教和学的第一手资料，也能为被评价者和评价者提供实际的讨论话题。但是，课堂观察容易缺乏重点。在上课之前，评价者和被评价者针对下面一些问题达成协议很重要。

(1) 为什么观察。

(2) 观察什么。

(3) 何时观察。

(4) 谁来观察。

(5) 怎样观察：

① 和教师共同参与教学过程；

② 观察者不参与；

③ 对学生提问；

④ 用录像机或录音机；

⑤ 记笔记或使用考核表。

如果事先讨论这些事情并达成共识，就会减少被评价者的焦虑和教学的中断。评价者和被评价者之间随后进行讨论非常必要，并应在观察的当天完成。

课堂评估观察记录表应该是整体观察记录。在观察时，按如下格式记录，所做的观察记录需要包含两种不同类型的信息：

(1) 观察到的确切的行为，听到的确切的谈话（尽可能精确、客观描述）。这一栏可以看作是你搜集的事实。

(2) 对所听所见的思考。这一栏可以看作是你对观察到的教学现象的评价和反思。

观察记录表样例如表 5-13 所示。

表 5-13　观察记录表样例

时间	观察记录	观察思考
	课堂上各种行为发生的顺序与出现的次数，师生交流情况，教师与学生的对话记录等	对在课堂上观察到的现象提出的问题、想法与观点等
14:11	教师利用 PPT 和屏幕广播，在每台学生机上展示了"绘图概述"部分的三个讨论题目，并要求学生在 5 分钟内完成这三个问题的讨论。学生讨论时，教师在教室内不停地走动，倾听每一组学生的讨论，并加以引导。例如，教师走到一组学生面前，问他们"讨论到第几个问题了"，并询问讨论的结果。	把讨论题目展示在每个学生面前，促进学生能够集中精力，按照教材的要求进行讨论。 教师很积极地与学生互动，提示他们按照教材要求进行讨论，确保讨论效果。

本章小结

※ 本章介绍了有关评价的一般知识，这有助于解读目前存在的各种教学评价，有助于在设计课程的教学评价时，更加明确可以采用什么方式达到评价目的。

※ 对学生的学业进行评价是教师教学活动中的一大任务，本章介绍了学业评价的目的、内容；对各种学业评价技术的使用要点进行了说明，如讨论、小组作业、项目演示、论文等方面评分应该注意的要点；详述了评定量表的制作和使用方法。针对最常用的评价——考试，详述了如何设计考卷，并对考卷可能涉及的各种题型提供了设计技巧和使用要点。最后，教师需要将各种评价信息进行汇总，并且将评价结果反馈给学生。另外，写推荐信虽然不是教师必须完成的学业评价任务，但是这种非正式的评价行为可能是很多教师需要做的，本章提供的一些技巧能帮助教师更好地应对学生的请求。

※ 教师对自己的教学进行反思，并接受来自学生或其他方面的评价是促进教学的有效方法。本章为教师进行教学反思提供了一些方法和工具，对外部评价教学也提供了一些参考资料。

北京大学出版社教育出版中心
部分重点图书

一、北大高等教育文库·大学之道丛书

大学的理念	[英]亨利·纽曼
德国古典大学观及其对中国的影响（第三版）	陈洪捷
哈佛通识教育红皮书	[美]哈佛委员会
什么是博雅教育	[美]布鲁斯·金博尔
美国文理学院的兴衰——凯尼恩学院纪实	[美]P. E. 克鲁格
营利性大学的崛起	[美]理查德·鲁克
学术部落及其领地	[英]托尼·比彻等
美国现代大学的崛起	[美]劳伦斯·维赛
大学的逻辑（第三版）	张维迎
教育的终结——大学何以放弃了对人生意义的追求	[美]安东尼·克龙曼
知识社会中的大学	[美]杰勒德·德兰迪
美国大学时代的学术自由	[美]罗杰·盖格
美国高等教育通史	[美]亚瑟·科恩
印度理工学院的精英们	[印度]桑迪潘·德布
后现代大学来临	[英]安东尼·史密斯 弗兰克·韦伯斯特
21世纪的大学	[美]詹姆斯·杜德斯达
理性捍卫大学	眭依凡
大学之用（第五版）	[美]克拉克·克尔
高等教育市场化的底线	[美]大卫·L.科伯
世界一流大学的管理之道——大学管理决策与高等教育研究	程星
大学与市场的悖论	[美]罗杰·盖格
美国如何培养研究生	[美]克利夫顿·康拉德等
公司文化中的大学：大学如何应对市场化压力	[美]埃里克·古尔德
哈佛，谁说了算	[美]理查德·布瑞德利
大学理念重审	[美]雅罗斯拉夫·帕利坎
美国大学之魂（第二版）	[美]乔治·M.马斯登
高等教育何以为"高"	[英]大卫·帕尔菲曼

二、21世纪高校教师职业发展读本

教授是怎样炼成的	[美]唐纳德·吴尔夫
给大学新教员的建议（第二版）	[美]罗伯特·博伊斯
学术界的生存智慧（第二版）	[美]约翰·达利等
如何成为卓越的大学教师（第二版）	[美]肯·贝恩
给研究生导师的建议	[英]萨拉·德兰蒙特等

三、学术规范与研究方法丛书

如何成为优秀的研究生（影印版）	[美]戴尔·F.布鲁姆等
给研究生的学术建议	[英]戈登·鲁格 玛丽安·彼得
社会科学研究的基本规则（第四版）	[英]朱迪思·贝尔

如何查找文献（第二版）	［英］莎莉·拉姆奇
如何写好科研项目申请书	［美］安德鲁·弗里德兰德 卡罗尔·弗尔特
高等教育研究：进展与方法	［美］马尔科姆·泰特
教育研究方法（第六版）	［美］乔伊斯·P.高尔等
如何进行跨学科研究	［美］艾伦·瑞普克
社会科学研究方法100问	［美］尼尔·萨尔金德
如何利用互联网做研究	［爱尔兰］尼奥·欧·杜恰泰
如何成为学术论文写作高手 ——针对华人作者的18周技能强化训练	［美］史蒂夫·华莱士
参加国际学术会议必要要做的那些事 ——给华人作者的特别忠告	［美］史蒂夫·华莱士
做好社会研究的10个关键	［英］马丁·丹斯考姆
法律实证研究方法（第二版）	白建军
传播学定性研究方法（第二版）	李琨
生命科学论文写作指南	［加拿大］白青云
学位论文写作与学术规范（第二版）	李武，毛远逸，肖东发
如何为学术刊物撰稿（第三版）（影印版）	［英］罗薇娜·莫瑞
结构方程模型及其应用	易丹辉，李静萍

四、大学学科地图丛书

管理学学科地图	谭力文
战略管理学学科地图	金占明
旅游管理学学科地图	李昕
行为金融学学科地图	崔巍
国际政治学学科地图	陈岳，田野
中国哲学史学科地图	刘乐恒
文学理论学科地图	王先霈
德育原理学科地图	檀传宝 等
外国教育史学科地图	王保星，张斌贤
教育技术学学科地图	李芒 等
特殊教育学学科地图	方俊明，方维蔚

五、北大开放教育文丛

西方的四种文化	［美］约翰·W.奥马利
人文主义教育经典文选	［美］G.W.凯林道夫
教育究竟是什么？——100位思想家论教育	［英］乔伊·帕尔默
教育：让人成为人——西方大思想家论人文和科学教育	杨自伍
透视澳大利亚教育	［澳］耿华
道尔顿教育计划（修订本）	［美］海伦·帕克赫斯特

六、跟着名家读经典丛书

中国现当代小说名作欣赏	陈思和 等
中国现当代诗歌名作欣赏	谢冕 等
中国现当代散文戏剧名作欣赏	余光中 等
先秦文学名作欣赏	吴小如 等
两汉文学名作欣赏	王运熙 等
魏晋南北朝文学名作欣赏	施蛰存 等
隋唐五代文学名作欣赏	叶嘉莹 等

宋元文学名作欣赏	袁行霈 等
明清文学名作欣赏	梁归智 等
外国小说名作欣赏	萧乾 等
外国散文戏剧名作欣赏	方平 等
外国诗歌名作欣赏	飞白 等

七、科学元典丛书

天体运行论	[波兰] 哥白尼
关于托勒密和哥白尼两大世界体系的对话	[意] 伽利略
心血运动论	[英] 威廉·哈维
薛定谔讲演录	[奥地利] 薛定谔
自然哲学之数学原理	[英] 牛顿
牛顿光学	[英] 牛顿
惠更斯光论（附《惠更斯评传》）	[荷兰] 惠更斯
怀疑的化学家	[英] 波义耳
化学哲学新体系	[英] 道尔顿
控制论	[美] 维纳
海陆的起源	[德] 魏格纳
物种起源（增订版）	[英] 达尔文
热的解析理论	[法] 傅立叶
化学基础论	[法] 拉瓦锡
笛卡儿几何	[法] 笛卡儿
狭义与广义相对论浅说	[美] 爱因斯坦
人类在自然界的位置（全译本）	[英] 赫胥黎
基因论	[美] 摩尔根
进化论与伦理学（全译本）（附《天演论》）	[英] 赫胥黎
从存在到演化	[比利时] 普里戈金
地质学原理	[英] 莱伊尔
人类的由来及性选择	[英] 达尔文
希尔伯特几何基础	[俄] 希尔伯特
人类和动物的表情	[英] 达尔文
条件反射：动物高级神经活动	[俄] 巴甫洛夫
电磁通论	[英] 麦克斯韦
居里夫人文选	[法] 玛丽·居里
计算机与人脑	[美] 冯·诺伊曼
人有人的用处——控制论与社会	[美] 维纳
李比希文选	[德] 李比希
世界的和谐	[德] 开普勒
遗传学经典文选	[奥地利] 孟德尔等
德布罗意文选	[法] 德布罗意
行为主义	[美] 华生
人类与动物心理学讲义	[德] 冯特
心理学原理	[美] 詹姆斯
大脑两半球机能讲义	[俄] 巴甫洛夫
相对论的意义	[美] 爱因斯坦
关于两门新科学的对谈	[意大利] 伽利略
玻尔讲演录	[丹麦] 玻尔
动物和植物在家养下的变异	[英] 达尔文
攀援植物的运动和习性	[英] 达尔文

食虫植物	[英]达尔文
宇宙发展史概论	[德]康德
兰科植物的受精	[英]达尔文
星云世界	[美]哈勃
费米讲演录	[美]费米
宇宙体系	[英]牛顿
对称	[德]外尔
植物的运动本领	[英]达尔文
博弈论与经济行为（60周年纪念版）	[美]冯·诺伊曼 摩根斯坦
生命是什么（附《我的世界观》）	[奥地利]薛定谔
同种植物的不同花型	[英]达尔文
生命的奇迹	[德]海克尔
阿基米德经典著作	[古希腊]阿基米德
性心理学	[英]霭理士
宇宙之谜	[德]海克尔
圆锥曲线论	[古希腊]阿波罗尼奥斯
化学键的本质	[美]鲍林
九章算术（白话译讲）	张苍 等辑撰，郭书春 译讲

八、其他好书

苏格拉底之道：向史上最伟大的导师学习	[美]罗纳德·格罗斯
大学章程（精装本五卷七册）	张国有
教学的魅力：北大名师谈教学（第一辑）	郭九苓
国立西南联合大学校史（修订版）	西南联合大学北京校友会
我读天下无字书（增订版）	丁学良
科学的旅程（珍藏版）	[美]雷·斯潘根贝格
	[美]黛安娜·莫泽
科学与中国（套装）	白春礼等
如何成为卓越的大学生	[美]肯·贝恩
世界上最美最美的图书馆	[法]博塞等
中国社会科学离科学有多远	乔晓春
道德机器：如何让机器人明辨是非	[美]瓦拉赫等
彩绘唐诗画谱	（明）黄凤池
彩绘宋词画谱	（明）汪氏
如何临摹历代名家山水画	刘松岩
芥子园画谱临摹技法	刘松岩
南画十六家技法详解	刘松岩
明清文人山水画小品临习步骤详解	刘松岩
西方博物学文化	刘华杰
物理学之美（彩图珍藏版）	杨建邺
杜威教育思想在中国	张斌贤，刘云杉
怎样做一名优秀的大学生	王义道
湖边琐语——王义道教育随笔（续集）	王义道
蔡元培年谱新编（插图版）	王世儒